INDUSTRIA DEL TIPO 5.0
Planificación a escala planetaria y del sistema solar.

ISBN: 1975809882
ISBN-13: 978-1975809881

DEDICADO A

Mario Galán Gómez (tío), cuyas lecciones y proezas fueron transmitidas a través de su hermano Pedro Antonio Galán Gómez (papá) en mi formación temprana.

CONTENTS

AGRADECIMIENTOS

A quienes definen las visiones de vanguardia y trazan
descomunales saltos a través de sus creaciones y aportes a
la humanidad.

Introducción, industria del tipo 5.0

Figura 1. Caballero de la mesa redonda confrontando al héroe Gilgamesh.

Dos figuras míticas y legendarias, una de ellas emplazada en el trono que se suspende al cielo nocturno: Gilgamesh, el otro fulmina la barrera del sonido, su armadura ha sido forjada en sombras, su yelmo contiene la furia y bramido de la sangre que hierve ante millones de espadas, se precipita próximo a la parte posterior de la cabina del avión de combate, extiende una serie de tentáculos que perforan el metal, su esencia se propaga y toma posesión del instrumental bélico, controla el vuelo, se hace uno con el caza y se eleva para confrontar al ancestral rey.

El áureo trono acata las instrucciones de su maestro, Gilgamesh, habilita la transición de su infinito arsenal, un centenar de portales se esbozan y revelan espadas, lanzas, hachas y las arroja con precisión certera contra el caballero de la mesa redonda. Evade y responde con los misiles que dejan tras de sí una efímera estela y hacen eco a la celeridad de sus trayectorias. Los misiles exponen una apariencia afín al oscuro caballero.

La escena se aprecia en la saga Fate Stay Night Zero (estudio Ufotable, 2011), revela tres colosales logros concedidos por una Mega ciencia que modifica los ritmos y dinámicas planetarias, un ámbito del conocimiento que redefinió los órdenes y accionar de nuestras civilizaciones, transformo y prevalece silente. ¿De qué mega-ciencia estamos hablando? De la Cibernética, ¿tres colosales logros? Lo que comúnmente conocemos como "piloto automático", una red electrónica que se despliega en toda la extensión de una invención aunada a un abanico de sensores y enlazada a un computador que logra regular con precisión milimétrica, constante y veloz un descomunal acervo de instrucciones y tareas. El segundo logro implícito, hija de la sinergia entre neurología y electrónica: "la inteligencia artificial", la capacidad de respuesta que deriva de la percepción o escaneo (MacCulloch), estadios y niveles de complejidad en filtrado e interpretación y emisión de respuestas cíclicas a lo largo de un evento. Contenidos afines al tercero: el misil teledirigido y con una considerable capacidad de autonomía, incrementos de rangos operativos, desenvolvimiento en teatros probabilísticos y consecución de estados homeostáticos (equilibrio y regulación), todo ello en una escena.

La domesticación es un término que solemos emplear y difícilmente detectamos la amplia ventaja que confiere a nuestra especie. Hombres que avanzan a pie con espadas y lanzas y deben confrontar los inagotables truenos, vibraciones y aspecto monstruoso de la mítica figura del centauro. El caballo, el jinete, su entrenamiento y herramientas de combate le sintetizan en un sistema en su respectiva escala de recursión. ¿Debemos explicar que refiere a una escala de recursión? Por supuesto. Asumiendo un centro educativo: 1 estudiante equivale a una escala básica, ascendemos y encontramos un grupo de estudiantes y 1 profesor, la escala de recursión equivale a 1 salón, siguiente escala: 1 grado o un nivel compuesto por un conjunto de salones, de allí a un colegio, etc. El caballo y el jinete, comando de avance, incremento de velocidad y fuerza de impacto, vehículo que amplifica una serie de capacidades incrementales a través de la sinergia. Concentración y especialización focalizada en una labor o tarea puntual.

Proseguimos con las exploraciones cedidas por la cultura popular: Futurama (creado por Matt Groening), temporada 1, capitulo 11. Revela como el demente científico dispone un sombrero en la cabeza de un mono de laboratorio y le garantiza de manera instantánea una inteligencia descomunal ¿con un mísero sombrero? Ficción, ¡cuentos de hadas! ¿Qué sucede cuando nos asedia una acuciante duda, accedemos a internet y la despejamos en cuestión de segundos? La memoria y el contenido que se externaliza, accedemos de forma remota en lugar de atiborrarnos de una astronómica cifra en datos que solo requerimos en uso selectivo o circunstancial. El sombrero del mono en este caso pasa a ser un dispositivo con acceso a internet, sea tablet, laptop o smart phone.

Susei no Gargantia, el combate se desarrolla en el espacio, la cámara revela el despliegue de fuerzas tripuladas por seres humanos a bordo de vehículos con apariencia antropomórfica, mejor conocidos como mechas en la cultura popular, sus blancos criaturas con un estrecho parecido a las especies acuáticas, blandiendo una docena de tentáculos y ostentando un aspecto monstruoso. El protagonista de la historia abandona la formación de su grupo y desaparece en una alteración del tiempo y el espacio, encuentra el planeta totalmente inundado, el vehículo que tripula da en conocimiento una inteligencia artificial de avanzada, un auxiliar como ningún otro, un puente y enlace a un infinito acervo documental junto a una descomunal capacidad de computo y mapeo de alternativas. Capítulos de interés insertos en la serie: la inteligencia artificial y un enfoque idóneo para emprender la exploración espacial, con objeto de no emitir spoilers o arruinar sorpresas en su trama optamos por no revelar este último punto.

Psycho Pass, nos comparte una visión utópica y futurista de un Japón que cuenta con un sistema profundo y extenso sobre los integrantes de su población y contribuye al monitoreo, vigilancia y regulación de los estados mentales y siquiátricos de cada persona, toda arma se conecta al sistema central, la historia avanza a través de episodios policiales, abraza el género de suspenso en la evolución de su narrativa la cual conduce a la revelación de la configuración y estructura de aquel gran sistema. Las dos series mencionadas anticipan y formulan los posibles escenarios de desarrollo y progreso que experimentaría la humanidad, no dista de los colosales y épicos avances en el conocimiento aplicado, desde la comunicación de la célula con el circuito y la maquina, las grandes posibilidades de la computación en la nube, progresos en la computación cuántica y la exponencial capacidad de computo y procesamiento en un mundo cuyos bloques se hallan interconectados, tecnologías que parten de abstracciones biológicas y procesos digitales que emulan organismos y ecosistemas.

¿Alguna reseña adicional? En los videojuegos, específicamente en la saga de Metal Gear, su cuarta entrega, asumiendo el control del personaje principal se confronta un adversario en apariencia inmortal, se descarga sobre este una absurda cantidad de munición, hasta agotar sus puntos, cae, no dejan de pasar escasos segundos y toda su vitalidad se restaura, se pone en pie y retoma al combate, el ciclo en apariencia se haría eterno de no acatar las recomendaciones de un centro de inteligencia remoto, aquel ser inmortal debe ser sometido por una maniobra de combate cuerpo a cuerpo, extraer algo parecido a una jeringa y extraer las nanomáquinas que fluyen a lo largo de su cuerpo, el combate concluye. ¿Un ser u objeto que puede ser herido o dañado y retornar a su configuración original? Cuando un universo de objetos exhibe fatigas, desgastes, deterioros la ciencia ficción nos prodiga con una maravillosa posibilidad y alternativa.

Compresión: a Marco Polo le toma una poca más de un par de décadas para explorar los tesoros de Oriente, nuestros ciudadanos pueden recrear la vida de Marco Polo en una minúscula fracción y multiplicar sus experiencias y vivir miles de vidas en una década. Sea en una dimensión virtual o tangible, accedemos a un mundo de ensueño y fantasía de una manera tan sencilla y a un costo muy bajo, en apariencia.

La riqueza: sobre ella el Sha de Irán nos confiere la mejor aclaración, contar con aviones de combate, tanques, armamento y municiones en un extremo de la balanza, en el otro: no contar con nadie, el pueblo Iraní no le prodigo con su apoyo o servicio.

Formas de vida elementales que a través de alianzas lograron sortear un sin número de dificultades y ampliar sus rendimientos, optimizar sus esfuerzos ¿a qué hora, cuánto tiempo y energía nos tomaría aprender a protegernos, vestirnos, conseguir alimentos, entretenernos, desplazarnos, dormir, canalizando todo esfuerzo y haciéndolo por nuestra cuenta?

¿Quiénes forjaron y concedieron las armas mitológicas a los dioses Olímpicos para facilitar su victoria ante los Titanes? Los ciclopes, gigantes de un solo ojo, concentrados fervientemente a su tarea. Las fabricas y las vastas nóminas, la fuerza laboral, reinterpretado: ciclopes contemporáneos, adoptando métodos de hacer, concebir y transformar una secuencia de inputs a lo largo de un ciclo especifico y la emisión de outputs o cesión a interrelaciones sistemáticas, un amplio universo de posibilidades, equilibrios y desequilibrios.

Un arma, un arte, un proceso de elaboración, un guerrero y la consecuente amplificación de una capacidad de destrucción, sometimiento y empleo de la fuerza. Integración de una ventaja mecánica: el filo, hija del colmillo que perfora, la tenaza que desgarra, la curiosidad en la exploración del tratamiento impreso en el metal, la punta del iceberg que halla la expresión y manifiesta su potencial a través de una de sus tantas vertientes.

La posibilidad de infligir daño, la posibilidad de recibirlo, mitigar la degradación y detrimento de los componentes del sistema: medicina y reparación. De lo casi indestructible a lo desechable, de la complejidad y desconocimiento que deriva de la amplia especialización y grados de tecnificación al propósito de limitar la vida útil del consumidor que profundiza su relación de dependencia.

Un mundo que se virtualiza y traslada sus contenidos a un universo digital. Procurar que lo tangible y lo cristalizado en el dato dancen al unisonó. Sea el dato y la información lo que deba esculpir lo tangible, lo redefina y lo transforme a escalas y dimensiones más profundas.

¿Un producto que solemos tener en la mano y en todo instante? Nuestros dispositivos móviles o Smartphone, garantiza el acceso a un enjambre satelital, a una red telefónica, a una vasta red de información e intercambio. Cuando lo arrojemos al suelo y este se repare por cuenta propia, cuando a través de una actualización modifique sus partes y asuma un conjunto de mejoras, roles, formas y potenciales herramentales, nos hallaremos ante una industria como jamás habríamos soñado.

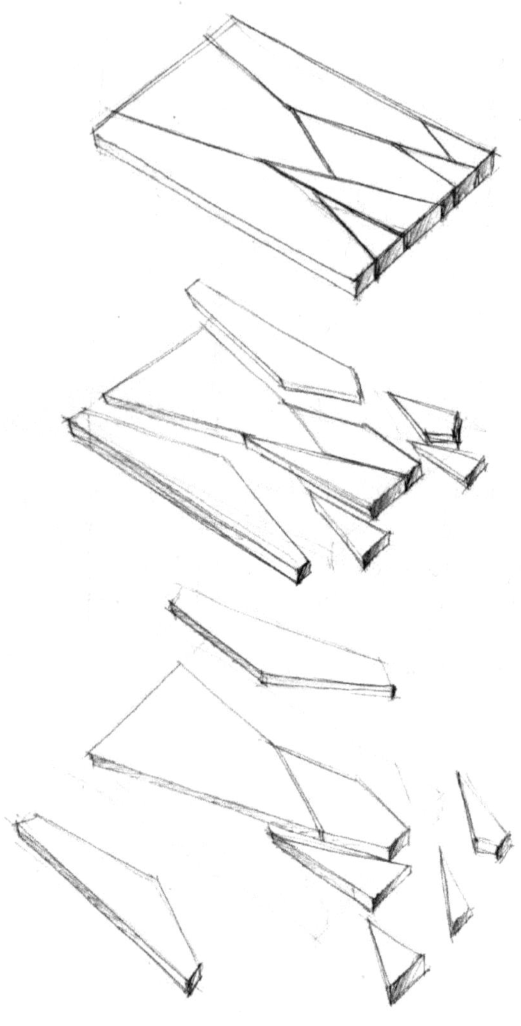

Figura 2. Objeto que se hace pedazos y al instante se reconstruye y repara.

Sistema solar

Las primeras imágenes de nuestro planeta tomadas desde el espacio las debemos agradecer a los grandes logros y avances por parte de los científicos de la Alemania Nazi y el desarrollo de misiles balísticos con una descomunal y terrorífica capacidad de devastación. Entre sus primeros artífices y genios encontramos la figura de Von Newman.

La fotografía se revela difusa, valida la esfericidad, dispersos cúmulos de nubes, masas oceánicas y cuesta trabajo diferenciar la superficie. Oda a la espada de doble filo, fundamentos al servicio del espíritu creativo o destrucción, descubrimiento o espionaje, motivo de orgullo o terror. La tecnología militar se reorienta a la carrera espacial y en apariencia: al servicio de la humanidad. Eufemismo o distorsión de intereses más profundos, las fronteras colapsan y los límites se expanden, las escalas se incrementan y se divisan próximas a la velocidad de la luz, las distancias se postran ante la celeridad y el instante, salvar longitudes ante la eterna noche demanda sueños de siglos. Las tecnologías que transmiten la idea o sensación de rapidez allá afuera se perciben como el lento y parsimonioso avance de un caracol. Adaptar métodos no convencionales garantizan la evolución progresiva de un ritmo óptimo al curso de años, tal como el proyecto Daedalus por parte de la Sociedad Interplanetaria Británica (1973-1978) cohetes propulsados por fusión nuclear, nuevamente la integración de la capacidad destructiva encauzada la consecución de un fin trascendental.

De la milla o el kilómetro, de la distancia al tiempo y de

allí a la unidad astronómica, magnitud entre el Sol y el planeta Tierra. Si desde nuestra óptica identificar la estrella más radiante y la que fija toda jornada revela la imagen de hace 8 minutos en proporción a la velocidad de la luz. Caso hipotético, en uno de nuestros coches nos tomaría un tiempo de 4.16 meses sin detenernos y desplazándonos de manera constante. Nuestro vehículo no se encuentra habilitado para vencer la fuerza de la gravedad, no cuenta con un volumen de almacenamiento de combustible consecuente a tal aventura, demanda la adecuación de mas condiciones ambientales ausentes en el vacío, ha de mitigar la radiación emitida por la estrella central, proporcionar un ciclo y regulación constante entre oxigeno y gas carbónico, proveer de servicios elementales para aun modulo que se desconecta de un organismo definido como ciudad estado y suele ser garante de un amplio espectro de comodidades y riquezas.

La mayor masa y núcleo fabril de múltiples elementos lo encontramos en el descomunal horno solar. El proyecto Manhattan logro recrear una diminuta y minúscula chispa de una estrella. Millones de eventos y explosiones atómicas se recrean a cada instante y al curso de eras. En el sol divisamos un posible motor para una colosal nave, un proveedor de energía en abundancia, un gestor de vida, el principio de alteración y modificación climática. El mayor porcentaje de volumen reside en su cuerpo estelar, de allí a los primeros cuerpos que orbitan a su alrededor, planetas rocosos, el nuestro junto a un satélite estratégico y un enjambre de cuerpos diminutos transmitiendo, acatando una multiplicidad de roles y tareas, una nube compuesta por partículas concebidas por la era espacial. Marte y sus dos lunas, un cinturón de asteroides que ahorra la ingente y agotadora labor de minería, reduce esfuerzos de excavación, perforación y extracción a gran escala. Montañas y manantiales de riquezas dispersas y no reclamadas, tal es el afán de los grandes magnates de la industria de avanzada de nuestra era para acceder al acceso a tal riqueza. ¿Cuál es la preocupación por arribar a Marte? A un paso del cinturón de asteroides, metales y materias primas en su suelo, un tercio de la gravedad que sintetiza de manera significativa múltiples labores, caso afín con los satélites naturales o lunas, menor masa equivale a menor gravedad, el peso disminuye y la inversión energética en un proceso o secuencia de tareas disminuye.

Conquista estratégica para emplazar plataformas de lanzamiento, sea con fines industriales, civiles o bélicos. Las islas en un contexto medieval, a modo de ejemplo, contribuyeron a facilitar el desarrollo de largas travesías tal como Gran Canaria, diagonal al sur de España y próxima a África.

La conquista de los cielos, los aviones que rompen la barrera del sonido y rasgan raudos cúmulos de nubes, previo a ello el tren y el automóvil, el tren a modo de ancestro y heraldo aplicativo de la máquina de vapor, pistón que dispuesto de forma horizontal y junto a un conjunto de barras transmitirá toneladas a lo largo de unos rieles, un sistema operativo lineal, adaptado a una condición y lectura topográfica, su aplicativo o programa que corre a lo largo, salva y transporta a través de grandes distancias, traslada personas, productos y mercancías, bienes e ideas, modas y estilos.

A una escala de sistema solar, nuestro planeta, bajo la óptica del gran arquitecto Norteamericano Buckminster

Fuller, la enseña a modo de una nave espacial, transitando a lo largo de rieles invisibles, el influjo gravitatorio que pauta su trayectoria tal como lo hace una partitura con los signos que a este se emplaza.

¿Intentos de rieles o vías férreas en el sistema solar? Por supuesto, tendremos los elevadores espaciales, estructuras verticales compuestas por un cable ligero de nanotubo de carbono. El ruso Yuri Artsutanov propone una mejora, siendo el año 1957, anexa la idea de un contrapeso y la disposición de una nave en órbita del cual descendería el cable hasta la superficie de nuestro planeta. Comodore Vanderbilt, su titánica industria de trenes prodiga a Estados Unidos y el mundo con una visión única al concretar el enlace y unificación del sistema de Oriente a Occidente. El intercambio promueve regulaciones, amplios grados de especialización y progresos incrementales en ciertos casos, en otras el exterminio, desbalances y podas (España y las culturas mesoamericanas y del sur). Los puertos y sistemas de transporte a muy bajo costo, en antaño las fuerzas impulsoras de los vientos al motor a combustión frente a un escenario de fácil transito y las corrientes. Vías que se despliegan de norte a sur, tal como la vía Panamericana, proyectos estratégicos que enlazan dos océanos como el canal de Panamá, el mediterráneo con el mar rojo: el canal del Suez, el Caspio y el Asiático: Euroasiático, Pekín y Shanghái, otros potenciales como el caso de Nicaragua, otro entre Rio Lena y el Amur. Los oleoductos, evolución y transición a una renovada dinámica en núcleos urbanos y bastiones de consumo, hijo de la disputa entre el transporte del crudo a través de Estados Unidos y el colapso de un viejo sistema de transporte. Venas y líneas de un sistema que trasciende los seniles modos de concepción territorial y organización a una escala planetaria.

Las colosales murallas e inmensas edificaciones nutrían las leyendas en torno a gigantes y seres de gran tamaño, aun se especula en tono a "auxiliares" alienígenas o explicaciones fantasiosas alrededor de la ausencia de registros y dudas.

Se valida: si fueron colosos, amplias sinergias que convocaron el conocimiento técnico ancestral, alianzas que elevaron de forma exponencial la disposición y uso de recursos, instrumental y fuerzas laborales al servicio de una visión épica. En nuestros días contemplamos como en cuestión de meses se yergue una emblemática torre en dirección al cielo, como se perfora la tierra y se horadan gigantescos túneles, como un paisaje se transforma, como se mueven montañas, como se entrega al mar embarcaciones que demanda la anexión de miles de operarios, como con poco se transforman sustancias y materias en artefactos de ensueño.

Extrayendo la sangre cedida por la vida extinta y haciéndola arder y explotar al interior de recipientes de metal, dotamos de vida y activamos un musculo que en apariencia jamás se agota. Dragones y genios cautivos en celdas de metal, una multitud de vehículos aran los senderos de las ciudades, prótesis y atuendo de un ser descomunal. Nuestra consciencia difícilmente aborda un increíble número de funciones y procesos, limitada y focalizada en la aparente identidad. Un mega sistema, vislumbramos el cuerpo y organismo como la sumatoria de sistemas autónomos enlazados y cooperantes. Como humanos, ostentamos el cerebro del reptil, ágil y reactivo, pasiones y apetitos elementales, sobre este el cerebro del mamífero, destreza en comunicación e integración de comunidades, la unión que potencia y suma a través de una labor o proceso y de allí, la cúspide en la neocorteza, análisis y razonamiento complejos, meditación y proyección a largo plazo, los filamentos se canalizan a través de los ductos vertebrales, se irradian a lo largo del organismo y se conecta a sus confines o regiones recónditas.

Si una pieza o extremidad falta se pueden aprovechar los impulsos y sobre estos trazar puentes y complementos: prótesis. Sea ausente o sea como un elemento de amplificación. El dilema de llamar a mil puertas o enviar un correo electrónico, convocar a miles en un estadio o transmitirlo a través de la televisión. Apagar nuestra sed o asearnos, el agua se provee al interior de la célula elemental y abastece a millones, se facilita el servicio y funcionalmente se despeja para atender y desempeñar una contribución a gran escala. Así como nuestro organismo revela un amplio espectro de roles y especialidades en sus componentes básicos el organismo llamado ciudad así lo expone. Este ostenta un metabolismo particular, un carácter multidimensional, un desarrollo activo y dinámico.

Sus escalas de recursión exhiben el concepto elemental de persona y habitación, casa y familia o grupo, el conjunto de las mencionadas, barrio, pequeño pueblo, municipalidad, metrópolis, megalópolis, eperopolis y ecumenopolis (50.000 millones de habitantes anexos a la compleja red), organismo y red planetaria. Debemos agradecer a Doxiadis, representante y heraldo de la Ekística que a diferencia de las ciencias regionales o del Territorio, trascienden la desproporcionada relevancia a la economía y orienta su finalidad y propósito en el bienestar de las comunidades y sus integrantes.

Doxiadis esboza un organismo planetario consecuente y anticipado a la red mundial de información, detecta los altos grados de incidencia que emanan de enlazar un par de nodos, la relevancia del intercambio de información. Percibido a una escala celular (ADN) a una dimensión macro y mega. Contempla los intercambios en múltiples esferas, en lo social, en lo económico, en el transporte y transferencia, la comunicación y dialogo con el paisaje, ya es consciente de los vapores y gases nefastos y nocivos de las serpientes de vehículos y fabricas de cielos plomizos, correlaciona las antiguas ciudades griegas y la noción de encontrar 150 personas en un trayecto, sobrepone el funcionamiento de un modulo urbano y agrupación de personas con segmentos naturales, de explotación, líneas de intercambio y requerimientos calóricos.

La Ecumenopolis o ciudad global es el gran objetivo en la conquista y expansión en nuestro vecindario solar. Una vasta riqueza y una inmensa variedad de fortunas aguardan por ser reclamadas. Hacia el 2100 las proyecta, invita y alienta a participar en su concepción y orientación temprana. La grandeza y expansión invoca problemas a una proporción equivalente, pueden ser sorteados y superados. Aun queda un gran universo por crear, una gran civilización por consolidar y del tipo I, de acuerdo a la escala del astrofísico Kardashev. Domesticaremos el clima, aprovecharemos toda la energía que vierte la estrella más próxima sobre la superficie planetaria. Las transferencias de información alcanzarán topes astronómicos, esculpiremos el fuego estelar y lo sintetizaremos al servicio de empresas y proyectos legendarios. Nuestros sellos y visiones se propagaran a lo largo de la galaxia, los cielos solo serán nuestra costa y de allí al vasto y anhelado mar de estrellas.

Virtualización territorial

Planificar sobre lo abstracto, desde frecuencias de radio, canales televisivos, sistemas operativos, idiomas y pensamientos reactivos.

¿Organizar territorios? Nuevas dimensiones se han integrado a la realidad tridimensional, de mapas y cartografías en dos dimensiones a las que en ciertos casos se le adiciona una secuencia de líneas que toman por referencia el nivel del mar y valida el conocimiento geográfico, lienzos que capturaron y registraron de forma diligente una constelación de figuras y monstruos sobre senderos inexplorados, costas, fortalezas, ciudades, murallas, caminos, vegetación. De lo tangible a lo invisible, a la codificación de manantiales y cataratas de datos, pulsiones de ceros y unos, en otros ondas o microondas. El sonido silente que atraviesa paredes y cristales, nutre y dota de vida una multitud de dispositivos.

Las murallas contenían poblaciones inmensas, el idioma se instalo a sus comunidades como un sistema operativo, cristalizo lo abstracto y le doto de significado, instauro el estándar y la regulación de intercambios en niveles fundamentales de comunicación. El sonido fue grabado en la imagen y el signo, un combustible que arde ante el sonido y modula su germen y esencia. Voces embalsamadas, un organismo colosal se externaliza y les cohesiona, su sombra se extiende y se propaga sobre toda lengua y pluma que le evoca. Barrera y canal, frente a la agitación de su heraldo. Del territorio y los precarios modos de comunicación biológica se alza la indeleble huella y legado, la voz que en apariencia es inmortal y guía ante las indomables tormentas del tiempo.

Del manuscrito a la imprenta, la difusión que alecciona y transmite y contagia de hordas espectrales, aspiraciones, anhelos, pulsiones emocionales, sinfonías que redefinen y esculpen la mente de su audiencia. Doctrinas que no requieren de catedrales o recintos, solo la activación de la voz y un flujo de pensamientos. Doctrinas que someten y doblegan a vastos imperios, pensamientos que mutan y se adaptan a la conversión de las épocas. Del estadio y las miles de personas en su audiencia a la radio y la televisión llegando a millones, el mensaje se amplifica, su rango y alcance se incrementa y desciende al instante. La distancia se marchita frente a los aplastantes ritmos del reloj. Del tiempo eterno de una bóveda de estrellas a su minúscula partícula.

Una puerta y ventana que permite la invocación de múltiples escenarios en el mismo teatro de reproducción. Una emisora y un compendio de programas, una emisora y un epítome de lugares y experiencias. Un canal y una docena de mundos en paralelo, un portal de internet y una galaxia de personas.

Solía girarse una rueda y se transitaría a través de un centenar de espacios forjados en un eco electrónico, un leve giro para distorsionar tiempo y espacio, dilatarlo a voluntad y convocar lo remoto, incluso las voces de los que ya han partido. Lo que en algún momento se controla se libera y democratiza. De la página estática a la mutable, oda a lo efímero e instantáneo, los ciclos de renovación se aceleran, un mar de datos, un mar de ideas, un mar de creaciones.

De internet y sus precursores, instrumentos y herramientas para potenciar la mente, ahorrar la pesada carga de labores clericales o de oficinista y despojarlo a nombre de la creación (J. R Licklider). La computación amplificada, el terminal remoto accediendo a un potencial infinito, ubicuidad que ahora se virtualiza.

Un sistema operativo: un continente en un escenario digital, un programa o aplicación: una ciudad estado, Tan veloz como el destello de un relámpago. Ríos como infraestructuras de relevancia, comunicación, aprovisionamiento, consumo, Roma y el acueducto que transportaba un frágil filamento para sostener y sustentar su gran ciudad, el filamento se preserva, ahora en metal, cuerdas que afinan un sofisticado e impredecible instrumento. Las fuerzas y entidades invisibles se representan bajo la definición de deidades, ahora sean llamadas marcas y compañías, devoción, alabanza, fervor, evangelismo, multitudes de profetas transmitiendo y diseminando sus febriles revelaciones. Conceptos emergentes de la interacción de un vasto número de factores y variables, organismos colosales, ecosistemas compuestos y difusos, seres descomunales carentes de rostros, voces y figuras, vapores en los que converge un circo de ilusiones y reflejos.

Un idioma: un sistema operativo, un software que depende de un hardware especifico, de sonidos y letras a personas que constituyen canales de difusión y filtrados en la mente colectiva.

La rueda y el eje: un ámbito y un contexto de activación, una soberanía tecnológica. El vehículo que en su vientre ostenta el motor a combustión, la creación industrial que triunfa ante el intercambio de componentes expuestos al desgaste, la casa automotriz que despliega sus talleres y centros de mantenimiento mecánico, abastece las piezas que solo encajaran en sus creaciones y al símbolo de su heráldica, incompatibilidad frente a otras casas. La impresión 3d nos concede un destello, un diminuto atisbo de una gran transición, puntualmente en el desarrollo de prótesis médicas y componentes a medida partiendo de la lectura, escaneo y digitalización precisa del escenario donde esta va a ser instalada.

Un dispositivo electrónico, vamos a conectarlo a un tomacorriente, emana de forma automática fronteras y territorios sutiles, así como el pico de las aves se adapta a su contexto los terminales obedecen al estándar de la red.

Una zona geográfica, estaciones que derivan de la inclinación planetaria, 23 grados y las condiciones climáticas al curso de las fechas calendario se alteran. Nieve o calor, días cortos o extenso, seis meses en la luz o seis en sombra, ecosistemas adaptados a las variaciones y ciclos estacionales, alturas y barreras colosales, parajes de sombras, distancias amplias, cortas, senderos y parajes accesibles, trazos de agua, volúmenes pulsantes, telones de fondo a condiciones emocionales, leyendas, ritmos de producción, fraguan el espíritu de comunidades, les resigna o les hace aguerridos e imbatibles combatientes.

Pretender organizar una vasta complejidad, miles y millones de habitantes en una hoja y en un lienzo bidimensional ¡Patético! Una torre de capas ha de disponerse sobre una base conceptual. ¿Trabajar sobre una fotografía y una muestra descompuesta y estéril cuando ella rebosa vitalidad, transmite en tiempo real una mutación constante? ¿se ha intentado dibujar el vapor en la totalidad de su secuencia y el universo de posibilidades, que este puede dibujar en el aire? Lo mismo sucederá con un territorio u escenario, ese punto que se registra se ha escindido en 3, ha cambiado de posición y ostenta mundos y universos que escapan a cualquier registro. La luna, en nuestros planos terrestres no la plasmamos, moviliza y eleva descomunales volúmenes del vasto océano. La bóveda celestial y sus mapas, trazados cíclicos al servicio del navegante, la estrella del norte y a través de sus elevación la proximidad con la cima planetaria o la proximidad al sur, tal como abrir una sombrilla en su dirección, elevarle a unos grados específicos y sincronizarle con la latitud, de ser norte hacia arriba, de ser sur hacia abajo, la base de la cúpula inscrita en tal sombrilla dará el trazado del avance solar y próxima a ella las luminarias del mundo antiguo y del telón de fondo: las constelaciones del zodiaco y la proyección de los calendarios. De remitirnos al zodiaco de Dendera, la estrella del norte anida en su centro, en los bordes y base de circunferencias los decanos o el equivalente al zodiaco.

Un territorio se enlaza a su ciclo, este varía, se transforma, retorna a su origen y nos concede la transición a modo de péndulo y circunferencias, determinado, intentar hacerlo con una nube: indeterminado y variable. Comunidades humanas exhiben una proyección afín a esta última, la estadística nos invita a trabajar con probabilidades, navegar a través de complejidades e incertidumbres.

El gran continente que une nuestro planeta es azul, la cubierta es mutable y sus masas continentales se reconfiguran ante un amplio horizonte temporal. La mente humana, territorios conquistados y conquistables, un territorio fértil para instalar pensamientos y visiones, sintonizarle en función de propósitos, refinar y potenciar su accionar, dotarle de roles trascendentales, activarlo como un gran agente de cambio en armonía a las múltiples expresiones de vida y seres que participa en sus ecosistemas.

Industrias del tipo 1.0 a la 4.0, preludio al tipo 5.0

De cuestionarnos acerca del origen de la expresión industrial concertaríamos en torna a la transición entre las expresiones artesanales al objeto o producto que es gestado en el vientre de la máquina, del objeto único e irrepetible, dotado de arte, detalles, ornato, oda al genio y destreza del artesano, esculpido por sus propias manos y alguna que otra herramienta, encargos reducidos y de escasos volúmenes, las ciudades crecen, sus individuos amplifican destrezas y oficios valiéndose de un amplio abanico de prótesis, herramientas que externalizan una labor puntual, si ha de moler una materia hallará en la reinterpretación de la condición formal y funcional de sus dientes posteriores y el accionar conjunto de la ventaja mecánica entre hueso, musculo, red neural, sistema sanguíneo, traduciéndolo en un mortero, a modo de ejemplo. Prótesis que sirven a las masas y en proporción al tamaño de las instituciones, apetitos o impulsos colectivos.

Instrumentos, máquinas y herramientas concebidos como sistemas compuestos, conjuntos y combinaciones con propósitos preestablecidos. Aplicación de fuerzas exponenciales, canalización y enfoque de energías en la consecución de una gran proeza.

El génesis, una asombrosa capacidad de interpretación, análisis, anticipación y proyección aunada a la creación, transmisión e iteración continúa. Instrumentos de caza, la integración del filo legado por la naturaleza inmediata, el concepto de garra y colmillo que le arrebata al depredador y se anexa como un valioso trofeo al acervo herramental y la experiencia práctica, fuego y experimentos atizados por la insaciable curiosidad y disposición de un preciado tiempo al servicio de la especialización y aumento de la complejidad de un grupo humano, de múltiples acuerdos y asignación de roles emanan los oficios y la profundidad técnica. El ingenio y sus múltiples expresiones se encienden a través de intercambios, expansiones y crecimientos.

La pólvora y la explosión, el colapso de las versiones caducas y el anticipo a la estandarización y regulación de procesos fabriles. De la bala de cañón a su versión portátil, rifle o pistola, la esfera que ha de reposar en un adormecido infierno y pasar por una fina garganta y emular al contacto de la chispa, el rugido y la furia del dragón. Algún componente fallará, no se debe desechar la totalidad del artefacto, solo reemplazar el componente averiado.

El motor de vapor, la locomotora, el globo, el telar, ancestral versión automatizada de un ejercicio operativo incesante y programable, la agitación de un recipiente y el giro constante, revoluciones por segundo, la pieza reguladora y el atisbo de las teorías gestadas en el seno de la cibernética. Nuevas maneras de acunar y albergar a la masa obrera, máquinas a su servicio, con la intención de abastecerle y evacuar sus desechos, el conocimiento que transforma e incide sobre la materia, las patentes, procesos e invenciones. Los crecimientos poblacionales y acceso a un descomunal número de beneficios revela un ascenso estrepitoso, exponencial e instantáneo. Las ciudades mutan y los faros en ella rasgan las sombras nocturnas e imprimen una luz surreal a sus calles y edificaciones.

Panorama en la industria del tipo 1.0

Figura 3. El vapor y las maravillas fabriles legadas por la industria del tipo 1.0

El procesamiento de productos cárnicos transmite una gloriosa idea en la mente de Henry Ford, formula e integra la cadena de montaje en la fabricación de un artefacto que reconfigura y transforma toda ciudad en el planeta y lo comprime en su peso temporal: el automóvil. Los ritmos se replantean, los modos de hacer se reestructuran. La electricidad amplia los horizontes de actuación tras arrebatar el fuego celestial e integrarlo a un filamento incandescente y un recipiente de frágil cristal. Los embriones de una industria primitiva mutan en concepciones monstruosas, triunfos tecnológicos, personificaciones de criaturas colosales, tormentas de destrucción y la revelación del filo que la humanidad desconocía.

Figura 4. La línea de montaje y la especialización de funciones. La electricidad y la iluminación artificial.

La sangre de dragones extintos, el apetito de una orquesta de instrumentos al servicio de sinfonías jamás oídas. Catedrales de luz solar, manifiestas en un instante, luz que devora y consume sus cimientos y lo que abarca su gran columna.

Las venas y hebras del vibrante obsequio celestial. El nuevo dador de vida, la regulación de sus flujos y pulsiones anticiparán el arribo de su próxima evolución industrial.

Los colosos mencionados reflejan la expresión industrial del tipo 2.0, se conquista la tierra, el aire y el mar, núcleos de combustión interna, sed insaciable de petróleo, redefinición del paisaje urbano y nuevas formas de consumo. Comunicaciones tangibles y telemáticas, gobiernos adaptados a las dinámicas de mercados emergentes, potencias clamando y disputando cadenas de suministro, influjo y propagación.

La industria electrónica evoluciona, cuando contemplamos un interruptor y un bombillo, en la simple acción de encendido y apagado hallaremos un antepasado directo a la codificación binaria, un 1 y un 0 al interior de las máquinas de cómputo, millones de este tipo de operaciones se efectúan. La máquina analítica de Charles Babagge, las proezas mecánicas de un enorme número de operaciones y movimientos, de la síntesis e integración de un secuenciador matemático, ya el telar de Jaquard esboza el anticipo o una maravilla de la robótica y la automatización, Iván Sutherland en el desarrollo de su Sketchpad, padre espiritual de los programas asistidos por computador (CAD) abogaría por digitalizar diagramas y realidades en un universo virtual, su traslado y contemplación exigiría un artefacto robótico, pariente del telar, una impresora de grandes dimensiones llamada Plotter. El software y el ejercicio sobre su lienzo, su consecuente traslado a la realidad a través de una hoja de gran formato. La impresora de Jaquard aceptaría la introducción de una secuencia de instrucciones impresas en listones de madera, agujeros y puntos sólidos, falso o verdadero, el 1 y el 0, la continuidad o interrupción del hilo o filamento.

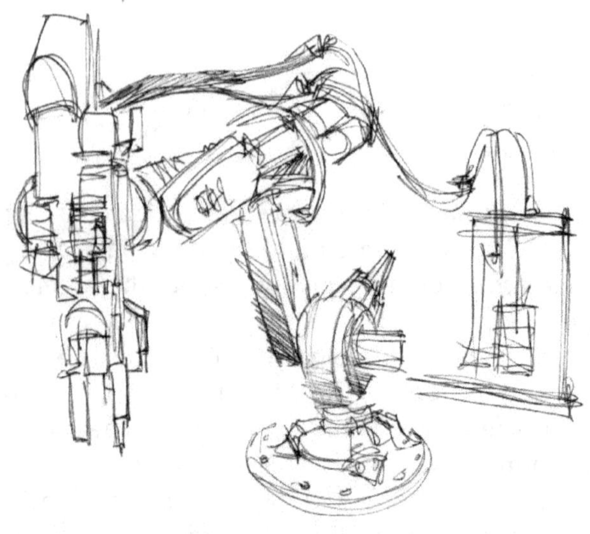

Figura 5. PLCs y la automatización a través de la sinergia computador-máquina.

Las máquinas en un contexto industrial se le instalará un componente de control, una pieza programable, un soplo de vida digital, una partitura a ser diestramente ejecutada por un autómata, el trofeo: El PLC (controlador lógico programable) y el arribo de la industria del tipo 3.0. El ser humano se ausenta en las líneas de montaje, docenas de brazos se sincronizan al unísono. Los dispositivos de cómputo se diseminan y adoptan por las masas, las telecomunicaciones se expanden y se democratizan, el internet ahorra un gran terreno a la redefinición de movilidad, transferencia, comunicación y creación. La virtualidad se multiplica, las simulaciones recrean con precisión los eventos físicos, modelan diversas realidades en diminutas fracciones de tiempo. La capacidad de procesamiento y computo eclipsa a las maquinas que le precedieron, los ritmos se aceleran y las experiencias se comprimen.

La industria del tipo 4.0 arriba al lograrse una estrecha relación y enlace entre el modulo de producción y usuario. El producto se hace a medida, la fábrica se activa a la medida, las herramientas se suman a una vasta red de componentes intercomunicados, se armoniza el operador humano junto al autómata y las redes de transferencia de datos y mensajes contextualizados. Los pasos y procesos se virtualizan, toda pieza y partícula se traduce en datos, sus manantiales transitan a través de un abanico de posibilidades, la hibridación de cerebros contempla y evalúa sus rendimientos con una devoción aun más profunda que el padre de la administración científica, Taylor.

Figura 6. El internet de las cosas, la producción personalizada y a medida. Sincronización electrónica y digital.

De las masa a la satisfacción del individuo, de las piezas intercambiables al incremento de posibilidades y formulaciones versátiles, la idea y el concepto que trasciende y esculpe la materia.

Del telar de Jaquard a su estrecho parentesco con la impresora, del artefacto que imprime imágenes en 2d y garantizo el sutil arribo de la robótica a billones de hogares, evoluciona en la secuencia de capas y su elevación a un eje en vertical. De los escaneos de un ser humano o un ser biológico, de la secuencia de placas y cortes y su enlace a una escultura tridimensional y con un contenido que trasciende al manto dérmico, emerge la réplica de una realidad escaneada o concebida en un imaginario.

La iglesia creyó que impondría un extenuante castigo a un diestro escultor del Renacimiento al condenarle a pintar un fresco, de una escultura derivan miles de dibujos, para Miguel Ángel, representaba una fase primaria y elemental de su arte. En un mundo digital, la idea se recorre, se esculpe, se altera a voluntad, desde su exterior o su interior, se invocan múltiples variables, se refina y altera en menos de un segundo. El ojo fílmico se demanda y su integración se hace necesaria, secuencia de fotogramas, ilusión de vida y movimiento. El hombre transito a bordo de vehículos y proezas tecnológicas, su ojo contemplo algo diferente a las generaciones de antaño, mas allá del pincel, del lente de la cámara, sondeo al interior de su mente y se remitió a lo abstracto, al origen de las formas, a la síntesis numérica, atómica y matemática, diviso coincidencias geométricas, ahondo en la estructura de organización, navego en incertidumbres expresivas, avanzo al ritmo de la expresión de la época.

La cúspide tecnológica se diversifico y llego a las manos de la ciudadanía, potentes máquinas de computo de finales de los 90s en manos de adolescentes y adultos (PS2 de la empresa Sony), reseña que nos comparte los señores Andrew MacAfee y Erik Brynjolfsson (2014). De la partícula a la nube, computación ubicua, extraer un smart phone y acceder a un planeta de información y datos, controlar remotamente una constelación de objetos, crear sobre medios de producción que han sido liberalizados.

Sensor, cerebro, inteligencia artificial, musculo electromecánico y programable, sinergia de inteligencias colectivas con computación en la nube, los objetos se integran, sus actos se revisan, se simulan y el escenario experimental se activa. Los sistemas de vuelo electrónico o Fly by wire, red neuronal anexa a un avión, contribución al piloto automático y el sueño de todo cibernetista, la evolución de las tortugas de Grey Walter, la gestación del dron que trasciende a la visión cosmética del radio control. Ya Leonardo Da Vinci nos compartiría un vehículo no impulsado por caballo alguno, los 80s nos prodigaría en nuestra infancia de carros de cuerda, un impulso y este avanza por cuenta propia, Leonardo y su autómata, su afinidad con el dron. El camión que transporta una carga de un punto A y un punto B y no se divisa un conductor en sus asientos. El cerebro y gobernador que transmite sus ordenes y comandos desplegando un centenar de cuerdas, maestro titiritero. El objeto inanimado adquiere vida.

El Asno de Oro, al transitar por el relato de Apuleyo esbozado en Eros y Psique nos comparte la idea de una secuencia de sirvientes invisibles que prodigan de infinitas atenciones a la dama mencionada, los recipientes flotan y se disponen ante ella, los objetos se desplazan de forma mágica. Ya Apuleyo anticipa el Internet de las cosas y mas alla.

Indicios de la historia y de las industrias, Gutenberg emprendedor en su época y contexto, elabora un artefacto de avanzada, el Iphone de su época ¿Cuántos logran acceder a su magistral creación? Tal invención contribuye al colapso de las monarquías, contribuye a la difusión de la información, democratiza el conocimiento, el tiempo avanza y muchos hogares la adoptan en su versión portátil, máquinas de escribir, imprentas en miniatura, QWERTY: su distante eco, la transición a la era digital y a la vasta biblioteca de fuentes y estilos. Telares al servicio de grandes compañías, versiones portátiles para las maquilas y las masas, los medios de producción se transfieren, se alquilan y proliferan.

Los computadores portátiles o laptops, emblemas de un periodo estipulado, las tabletas aparecen en escena y se divisara en el horizonte comercial el arribo del smart phone o dispositivo móvil que cabe en la palma de la mano. El proyecto Ara de Google expuso un gran impulso al revelar su principio, Dell ya habría anticipado parte de su filosofía al conceder computadores con unos requerimientos básicos y la adecuación en función de un pedido o solicitud. El proyecto Ara revela un dispositivo móvil con un conjunto de piezas intercambiables, de requerir una cámara con mayor resolución bastaría adquirirla y remplazarla, un procesador con mayor potencia al cambio de su predecesor, una estructura compatible con un amplio espectro de posibilidades modulares, ¿la idea fue reciente? ¡Por supuesto que no! Ya los Metabolistas Japoneses, movimiento arquitectónico, formularon y trasladaron a un laboratorio real de estructuras y núcleos que condensan o sustentan infraestructuras de aprovisionamiento, los módulos o cubículos habitables, siendo conscientes de su caducidad y desmejoras al curso de pocos años, frente a la evolución y progreso tecnológico, la reemplazarían. Debemos reconocer, una visión de avanzada y que ningún tipo de industria se ha tomado en serio, aparte de las dependencias y proximidad a un espíritu de lo desechable, si el algodón de azúcar se deshace al pasarle la lengua, retornaran por más. Millones de incautos pagaran el doble o triple por el mantenimiento del primer monto que dieron por su vehículo.

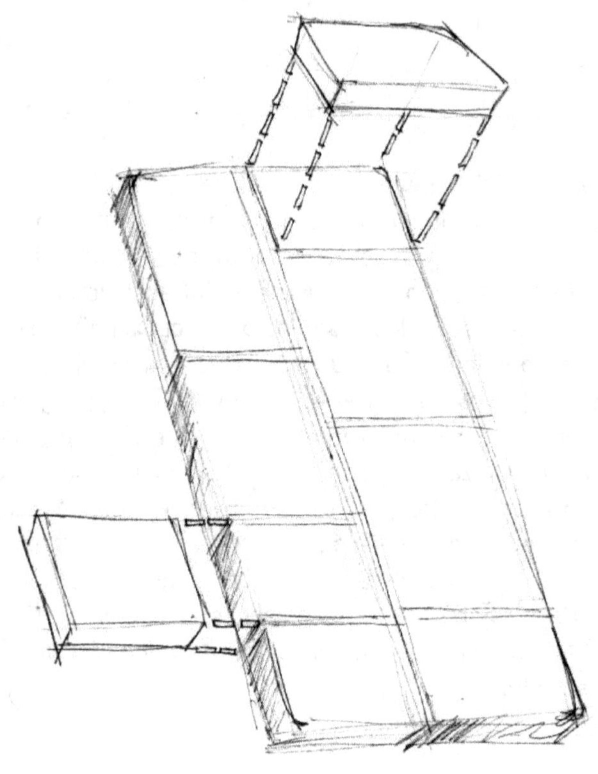

Figura 7. Proyecto Ara, de Google.

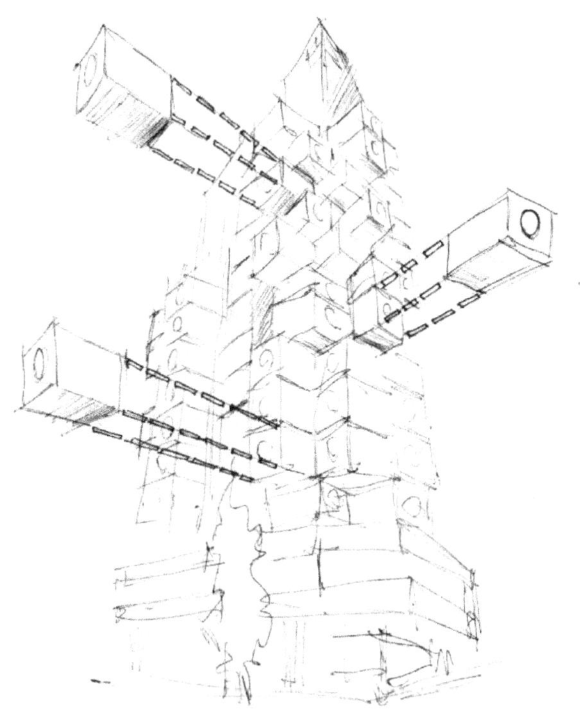

Figura 8. Hotel Nakagin, Kisho Kurokawa. Metabolistas Japoneses, habitaciones adheridas a un núcleo central que al curso de los años y al tornarse obsoletas serian reemplazadas por un modulo actualizado.

Aun no logramos divisar la industria del tipo 5.0, contamos con un gran principio, orbitando en lo modular, lo intercambiable, lo progresivo, ¿lo ajustable? Seguimos conviviendo con objetos estáticos, tal vez plegables o comprimibles, en lo físico cuesta divisarlo, en lo digital abunda, prodigan con motores de navegación al que se integra un arsenal de aplicativos, los móviles adhieren un impresionante acervo de bibliotecas, catálogos, actualizables e incrementales recurriendo a la conexión con la red. El producto muta y evoluciona, en tiempo real y de manera instantánea, de remitirnos al escritorio de trabajo, Xerox Parc concibió la oficina del futuro en un contexto digital: escritorio, papelera, carpetas, archivadores, la extensión del ojo y la acción en el cursor y la réplica del movimiento a través del mouse, el traslado de lo proyectado en una impresión de papel. ¿El escritorio de trabajo en una dimensión física? Si retornamos a la ciencia ficción, tendremos el cyborg titulado como el T-1000, un metal líquido con la capacidad de mutar en millones de variantes, cambia de forma de acuerdo a una condición o instrucción emitida. El escritorio nos debe ofrecer una superficie que anticipe todo requerimiento, se solicita una herramienta y emerge de la superficie mencionada, ¿escuchar una canción? El velo canaliza su accionar en un segmento dado, asume las líneas y trazados de un circuito, aborda el diseño que habilita la realización del propósito: parlante y reproducción musical, el velo se expande, se adhiere a la pared, transita como una pintura fluida y con vida, fabrica a voluntad otro parlante en un extremo y la derivación de otros trazos garantiza el emplazamiento estratégico de múltiples parlantes para conceder un sonido envolvente. Extendemos nuestra mano y un dispositivo móvil se fabrica por cuenta propia, lo retenemos y en cuestión de segundos reconoce una actualización de su sistema y hardware, cambia en nuestra mano, en el asombro le dejamos caer, se hace pedazos, sus componentes vuelan por todos lados, cada fragmento se fusiona y reintegra a las más próximas, vuelve a reconfigurarse, una fina hebra le eleva hasta nuestro alcance y retorna a su estado original. Incrédulos traemos un martillo, le asestamos un certero golpe y la pantalla se fractura junto a una docena de componentes internos, ella misma se autorepara, toda herida sana.

Figura 9. T-1000, Creado por James Cameron y William Wisher Jr.

Los materiales con memoria proyectaban innumerables proezas, los materiales programables acudieron con otras, tal como el caso de los Claytronics y en otras, estructuras compuestas con articulaciones y ensambles ajustables.

Nuestros hogares pueden contar con una amplia librería de objetos y productos intercambiables y colapsables al instante, sin embargo el recinto prevalece y este compete a un viejo orden y concepción, ¿Qué sucede con los miles de hogares de los que su totalidad de residentes se trasladan a otros escenarios urbanos? Los espacios ausentes quedan tras de si, derroche de metros cuadrados y cúbicos en un rango temporal, unidades que se construyen, demandan energía y recursos para solo justificar la mitad de horas de uso. Desplazarse e integrarse a otras edificaciones y roles, abandonarlas y sumarlas a la latencia e inactividad.

Se requiere un vehículo, este se imprime sobre el asfalto, se arriba al destino deseado, se hace polvo y se reintegra al asfalto. Las viviendas colapsan al traspasar el umbral de acceso, un nuevo uso se reconfigura y modifica su aspecto, ningún bloque o componente permanece estático, la ciudad y sus versiones futuras se simulan en su descomunal cerebro y unidades autónomas, sus mejores resultados se autofabrican y se materializan en tiempo real, sus ciudadanos modifican y mejoran sus componentes y experiencias, los rascacielos se divisan espectrales y fluctuantes, las personas avanzan y dan la impresión de caer al vacío cuando el piso se materializa y se anticipa, tan delgado como una hoja de papel y tan rígido como el diamante. Sus atuendos equivalen a una fábrica portátil en el textil, sus dispositivos móviles se usan y al concluir con su empleo circunstancial se funde con la ropa. Alguno se dejará caer de espalda y una silla se materializa para recibir y amortiguar su suave caída, la capacidad de cómputo se amplifica con todas las superficies y objetos que lo rodean, todo pensamiento e intervención se regula e incide sobre la realidad que se imprime sobre sus campos de visión.

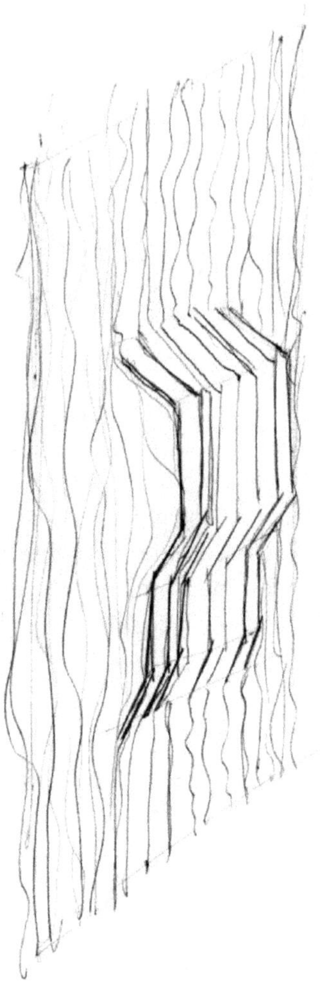

Figura 10. Material que cambia de forma y asume una propiedad útil frente a un requerimiento especifico.

Un conjunto de rascacielos se fusiona y de este crece y se eleva uno de gran tamaño. Se evapora y se materializa progresivamente en su ascenso, su base se reduce en sección y su parte superior se funde con las nubes, su contenido se precipita en forma de lluvia al avanzar a través del cielo, desciende y se materializa en otro lugar de la ciudad.

¿En donde quedo el verde, las unidades de paisaje y las especies? La biónica revelo la capacidad de sustituir lo natural por lo artificial, reemplazar órganos averiados por piezas de ingeniería avanzada y revelarse compatibles, concibió prótesis, sensores, complementos a las fases y vida de diversas especies, regulación de ecosistemas integrando una sombra y espectro tecnológico con vastas capacidades de computo, la célula se comunica con el circuito y este traduce sus pulsiones, del intercambio una renovada concepción y apertura de grandes potenciales. No solo los objetos son los que deben sumarse a la compleja y creciente red del internet de las cosas, sean las plantas, los organismos, los suelos, los manantiales, los arboles, aves y demás organismos los que se adhieran de manera estratégica a la interconexión global y planetaria. De comparar los trabajos que concede nuestra industria con la biología, distará la asimilación y eficiencia energética entre estos dos, la incapacidad de autorepararse en el primero y la destreza en este contexto del segundo, de avanzar con esta línea debemos evocar la medicina y la expansión contextual de ambientes, métodos y tratamientos que prolongan lo que se creería imposible y ausente en el escenario biológico. Dejar caer un computador al suelo implica adquirir uno nuevo, dejar caer un ser humano al suelo implica la posibilidad de tratarlo junto a un organismo que está diseñado dentro de un conjunto de posibilidades para regenerar áreas afectadas, configuraciones celulares, de tejidos, emitir estímulos y activar un extenso repertorio de acciones sincronizadas al unísono.

La industria del tipo 5.0 nos permitirá transportar montañas de un punto a otro, esculpir afluentes hídricos, estimular e incrementar la biodiversidad en múltiples parajes, arar nubes, domar vientos, gestar manantiales de relámpagos, instalar una docena de lunas junto a la versión ancestral, trasladar océanos, crear nuevos, enlazar pilares que conectan la superficie terrestre con los cielos.

Modificaciones en pro de una renovada visión industrial

La leyenda en torno a Hefestos representa la imagen de un gran herrero que es arrojado desde los cielos y verá reducida su movilidad a consecuencia de tan nefasta fortuna, le veremos rodeado de ciclopes, criaturas con un solo ojo, golpear el yunque y el metal al rojo vivo implica una protección elemental a modo de un parche o cobertor para un ojo. Fabrican las armas de los dioses Olímpicos, su ingenio, conocimiento y destreza se dispone en la concesión de una ventaja competitiva. Accionamiento, control y despliegue de potenciales que anidan en principios mecánicos y tecnológicos, la reinterpretación de la herramienta ante un rol o función que se creía distante. Los gobernantes al curso de la edad de los metales valoran el poder que valida y le confieren sus herreros, más allá de un escenario bélico, de defensa o aplicación civil, las artes y los oficios dotaran al organismo descomunal de una ciudad estado de una capacidad y vitalidad única. Si en antaño, garantizar la proximidad y estancia de un herrero implicaba herirle, lisiarle para impedir su escapa, así se haría, vestigio que prevalece en la leyenda de Hefestos.

Ocultar estímulos visuales, proteger de los factores y variaciones del clima, generar vestuario y abrigo. Alimentos que invocan ritos y procedimientos, almacenaje y transporte, infraestructuras y técnicas de explotación, centros de intercambios sobre el capitulo previamente expuesto y los que se mencionaran, transporte y modos de tracción, ventajas mecánicas, integración de la rueda y el eje, el vapor, la combustión y la electricidad.

Energía, otorgada por los ciclos y condiciones naturales, afluentes hídricos, navegación, flujos que activan ruedas y molinos, el profundo conocimiento del átomo, el sol, los combustibles fósiles, los apetitos crecientes y exponenciales de economías vigentes, prosperas y mutables. Respuestas a condiciones metabólicas a múltiples escalas, desde su célula, modulo habitable elemental: habitación, agrupación de estos, transitar por niveles de organización más amplios: ciudades, metrópolis y ecumenopolis, metabolismo que implica unidades y complejos sanitarios, clínicas, hospitales, centros de investigación, laboratorios, metabolismo que implica de igual manera una agroindustria pulsante, cadenas y nodos de distribución, despensas, unidades que suplen demandas en función de radios y alcances. Salud mental e industria del entretenimiento, diversión y escenarios que condensan conocimientos y experticias, esculpen las mentes, ideas y brazos que se habrán de sumar y participar de los relevos en un ecosistema gigantesco, humano y trascendental. Administración, cerebros, expansión de visiones, instalación coordinada de procedimientos y enfoques, la mirada que cobija el presente, el futuro y confronta las derivaciones del pasado, sincroniza, pauta armonías y fija avances estratégicos, gobierno, ministerios, secretarias, atomización de capítulos y perfiles, Banca y virtualización de riquezas, anhelos e impulsos, domesticación de músculos financieros y mentes colectivas, integraron con antelación los grandes avances de la computación y las telecomunicaciones a su servicio, el estándar sobre el intercambio, el potencial durmiente, en manos de un organismo que exhibe la misma estructura y condición biológica de hace 100.000 años. El domesticador y el domesticado, refinamientos e intervenciones que encienden dimensiones únicas, proezas jamás documentadas.

Se transforma el sonido, la imagen, la materia, interactuamos con la realidad desplegando un vasto número de instrumentos y herramientas. Terraformamos en múltiples escalas, seres tan diminutos como las bacterias transformaron la atmosfera planetaria y habilitaron las bases y un escenario propicio para el desarrollo de una asombrosa enciclopedia de formas de vida ¿Qué tanto podría lograr una especie tan compleja y desarrollada como la nuestra?

El paisaje y el clima, a modo de matriz y sistema operativo con variantes determinadas e impredecibles, ciclos, fenómenos, degradaciones y evoluciones. Se pacta el dialogo entre paisaje natural y artificial, uno como ecosistema latente y el otro forjado por la acción humana. Las maquinas, desde una perspectiva cibernética serán definidas como sistemas con propósito, las moléculas e ínfimas escalas adquiere y expone una serie de propiedades y condiciones, definen estructuras que al interactuar con otras esbozan ciclos coordinados y rítmicos, piezas de relojería y computo a una escala imperceptibles al ojo humano salvo se recurra a un instrumental idóneo, se establecen sinergias moleculares, la cooperación encuentra un progresivo repertorio de posibilidades, se conciben nuevos diseños y nuevas formas, las estructuras se fusionan y se ponen a prueba. La criatura, el paisaje y las especies próximas atienden a una identidad coherente.

Autoreplicante, mutable, esta muestra la grandeza de

su vigencia y permanencia. Procesa a su ritmo e intenta seguir las pulsiones de mecanismos de relojería que inciden y afectan al suyo. Ya Winston Churchill en un contexto de segundo guerra subrayaba el disparate al aguardar por el crecimiento de un ave y obtener sus presas. La industria asume el reto y concede la carne por cultivo, se reduce el sistema y se trabaja sobre la parte de interés. La alquimia anhelaba la transmutación de elementos y materias en resultados puntuales y trazados. El aparato científico cercano a la bomba atómica lo consiguió parcialmente. Fabricar un componente cárnico en su dimensión molecular y que del insumo primario se modifique en un repertorio de posibilidades en tal dirección debería plantearse el desarrollo de la capacidad fabril e industria alimenticia. Sobre la cocción, debemos comprender la función de realizar una digestión externa a nuestro organismo, ollas, estufa, microondas, debemos contemplarlo como estómagos externos, ¿Qué hay de los molinos o morteros? Dentaduras a gran escala, las culturas precolombinas compartían la tradición de masticar, procesar y compartir su producto a los integrantes de sus tribus.

Es en este momento donde acude a nuestra memoria los Caballeros de Sidonia (Tsutomo NIhei, 2009), una colonia humana en el espacio que consume raciones reducidas y complementa su dieta gracias a sus cuerpos modificados, para hacer, literalmente, fotosíntesis. Buscando una estrella próxima, asimilan la luz y esta completa sus demandas energéticas y operativas. ¿Qué hay de los sueros o sustancias suministrados por vía intravenosa? Productos y alimentos deconstruidos y modificados.

Se podrían salta procedimientos biológicos y suministrar directamente a los nodos que requiera las sustancias y energías, no negamos la complejidad y belleza de la descomposición a escala molecular, selección y distribución de lo ingerido en su tránsito por un sistema biológicamente prodigioso.

En nuestra primera obra de ciencia ficción, titulada año 2112 v1.0 representamos la figura de un gran comandante, un hombre máquina en apariencia, de precipitarse la atención a su pecho se encontrarían tres celdas y en cada uno hallaríamos un cerebro, intercomunicados, sumados y regulados por una identidad emergente. El dominio del fuego distancio de una evidente condición animal, un avance en alimentación y consumo, alimentamos nuestras ciudades de una forma diferente, de observar la vaca alimentando a sus teneros difícilmente hallaremos diferencias notables a una persona buscando un tomacorriente, a la ingesta calórica le debemos anexar la variable vatios.

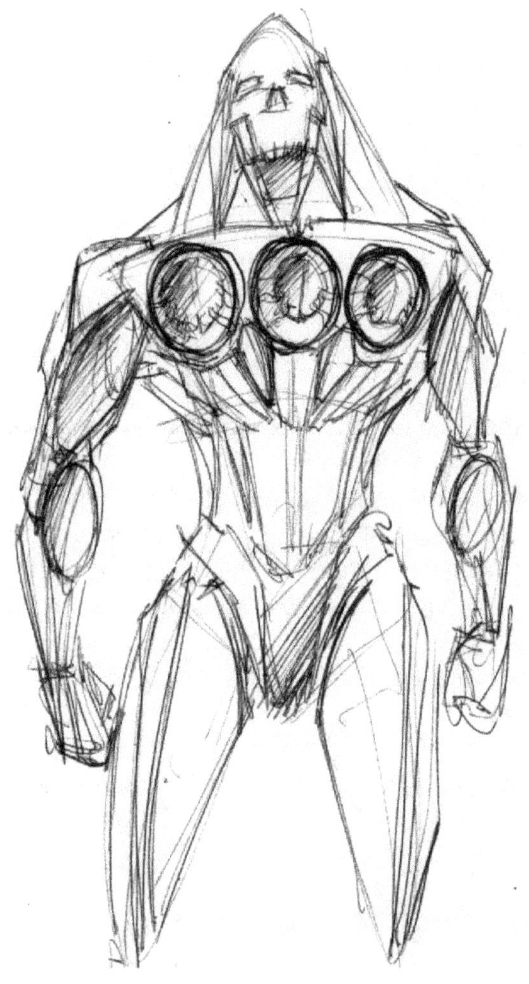

Figura 11. Comandante con tres cerebros, fusión organismo máquina.

El transhumanismo, descargar nuestra mente y consciencia, o de una mejor forma: descargar una réplica o copia de nuestros modos de procesar, percibir, analizar en una vasta red. Esboza una gran promesa ante el deseo de inmortalidad. Nos solicitan en dos lugares y al mismo tiempo: replica humana, identificación de patrones de respuesta, perfil de identidad, huellas y comportamientos impresos en un universo digital, emulación y recomposición de posibles respuestas, podremos estar en 10 lugares al mismo tiempo, sea jugando con nuestros hijos, hablando con nuestra esposa, vendiendo en una ciudad remota, descansando en una playa y localizados en múltiples lugares al mismo tiempo.

El transhumanismo, sus primeras intenciones han de apreciarse en el arte rupestre y el mito mágico, la consciencia del arribo de los tiempos futuros y la permanencia en la huella y el eco. El arte al servicio del gobierno y la omnipresencia, el sello que se estampa sobre los dictados del gobernante y se sustentan en la fuerza coercitiva y el código. El transhumanismo en las dinámicas de pensamiento y secuencias resolutivas, pensamientos que prevalecen y se diseminan, torres y faros en apoyo a la navegación sobre océanos inexplorados y mundos difusos.

Previamente hacíamos alusión al hombre que en un par de décadas emprende un viaje, en nuestros días lo logra en un par de meses, sus experiencias se comprimen y se multiplican, cataratas de estímulos, ferias de eventos, voces polimórficas. Perfeccionar una destreza, lograr su maestría demandaba una larga vida, es ahora donde la vida clama por ella en múltiples disciplinas, un conocimiento universal y enciclopédico, además de práctico.

Del reduccionismo a las conexiones y la interconexión de ámbitos y experticias. La mente humana ostenta un gran poder transformador, los pensamientos mutan y de ellos afloran combinaciones y aplicaciones nunca antes vista, sumatorios que inducen al asombro y son relevadas por una galaxia de invenciones. La mente virtualiza, abstrae y sintetiza, comunica valiéndose de medios expresivos. Sometido a un contexto experimental derivan sus refinamientos e iteraciones. Más allá de invertir en fabricas, robots o maquinas nuestra principal apuesta reside en el incremento, fortaleza y activación de potenciales, en la ciudadanía. Personas versátiles y adaptativas, diestros jinetes de corceles tecnológicos y creadores de estos.

La fábrica que se autofábrica. Módulos autoreplicantes y sistemas adaptativos, sinergias estructurales que confieren un orden frente a la consecución del propósito emergente. Computadores que en un principio emularon y sirvieron de oda al cerebro, la inteligencia y la red neuronal. Sinfonías de regulaciones y feedbacks –retroacciones-, su progreso clamaba por establecer una comunicación aun más compleja con la extensión y amplitud de capacidades ante realidades latentes.

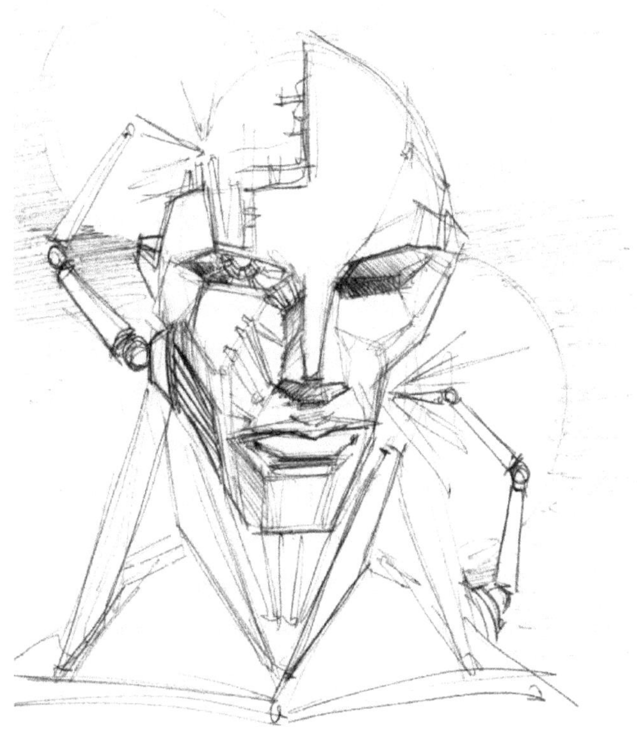

Figura 12. La fábrica que se autofábrica.

De la impresora y robot de difusión domestico a la
evolución de su versión tridimensional y construcción
de productos con un amplio repertorio de materiales,

desde plásticos hasta células. Medios de producción adheridos a una expandible red de información, datos que se traducen en un accionar digital y físico, las cuerdas de la red vibran y asimilan sus agitaciones y pulsiones, sus ondas crecen y se amplifican.

El sueño se concilia y el cuerpo prosigue con un conjunto de tareas y labores, medio planeta duerme y el otro trabaja ¿Qué sería de Panguea en nuestro tiempo? Los cielos determinan ritmos y dinámicas, la energía eléctrica y sus invenciones la burlan. Se ha planteado disponer en el espacio Znamya 2 (Vladimir Sergeevich Skyromyatnikov) inmensos cuerpos reflectivos para iluminar regiones en el norte de Rusia. Los tiempos se pueden reajustar y reorganizar a gran escala, el planeta es susceptible a convertirse en un mega laboratorio, laboratorio simulable en un universo digital, múltiples realidades al unísono y computo de rendimientos y desempeños.

Con la computación de Turing se descifra la encriptación y el Enigma Nazi. El trabajo de miles al curso de un año se comprime en un par de días (ENIAC). Vale aclarar, sobre tareas muy puntuales, incontables resultados distan al dominio de las máquinas. Lo inanimado cobra vida, se propulsa y en apariencia toma decisiones por iniciativa propia, reajusta sus acciones y modula sus pasos.

Las hibridaciones entre lo orgánico y el artefacto contribuye a la apertura de grandes y excelsas oportunidades, ejercicios que contribuyen a la expansión de rangos sensoriales y administración de un astronómico volumen de datos que pueden ser procesado por un cerebro planetario o estelar, una estrella puede convertirse y transformarse en una colosal máquina de computo, además del rol de fábrica de elementos, radiación, ancla gravitacional, núcleo de condicionamiento térmico, alineación de recursos en proporción al mayor porcentaje de masa.

La economía nos insta a emprender elecciones, lograr y obtener más con menos. La revolución digital expande la automatización en esferas que han virtualizado información y datos, han logrado a través del poder de a síntesis la reducción de niveles y procedimientos, grandes compañías y con una incidencia global se reducen a docenas, a diferencia a las de los inicios y progresos de la revolución industrial, con menos se puede lograr más y consolidar una vasta cobertura. Se liberan tiempos, recursos y personal, su reorientación ha de atender a visiones y principios estratégicos. Grandes problemas administrativos y de diseño, ¿Dónde los podemos hallar? Es increíble que los sistemas de transporte masivo preserven seniles formas y métodos operativos, la adquisición de tiquetes a través de maquinas contribuye de forma notable a la mejora, orden y optimización de los tiempos, vemos como los vagones a momentos transitan casi vacios y en otras con sobrecupo. Aun no logran sintonizarse con la del tipo 4.0 (industria), para estos sistemas el escaneo ha de monitorear y detectar las capacidades en ingresos y proyecciones del usuario con sus viajes, en escena, en tránsito y en descargas y recepciones, la del tipo 4.0 enseña: esta se opera en función de la solicitud del usuario y la fábrica se activa frente a una demanda a medida y puntual, aun falta algo en la ecuación, vagones que responden a un promedio o una capacidad que difícilmente anticipa escenarios futuros, los vagones han de adaptarse y ser consecuentes a la demanda, cuanto derroche al contemplar múltiples vagones y 3 personas, en contraste al inhumano avance de recintos atiborrados de personas, monumentos a la asfixia, a la incomodidad y al desconocimiento de problemáticas en tiempo real.

Su adaptación y ajuste en función de la demanda nos conduciría a la versión del tipo 5.0 (industria). El tránsito de personas de un punto a otro puede mitigarse de igual forma en la virtualización y enlace de sus módulos de trabajo, la gran labor y visión de Xerox Parc en la concepción de la oficina del futuro fue asombrosa y en nuestros días disfrutamos de ello, ambientes de trabajo a través de una pantalla con el tamaño de una hoja y unos periféricos elementales.

La evolución de la robótica anima a la industria del tipo 4.0 a accionar sus máquinas de forma remota, sea a través de realidad virtual o inserción de tareas. 4.0 en su versión adaptativa a la realidad propuesta, actúa sobre el escenario formulado, la transición al tipo 5.0 ha de orientarse a ser el escenario, modificarse a voluntad y alterarse en función de un sistema de demandas, para el caso del transporte masivo, las vías y plataformas de transito mutan en función de su demanda, transportan y se complementan a redes logísticas que trasladan e intercambian los insumos que la ciudad consume y comercializa, los módulos de transporte se adaptan a sus pasajeros y a sus tiempos, los tamaños exhiben una amplia gama de posibilidades, armoniza con el espacio público y destinos a alcanzar. Existen versiones y soluciones mas allá de un metro, un sistema de buses rápidos, enjambres de vehículos, y esos es algo que debemos concebir, desarrollar e implementar. Repetir como "loras" soluciones problemáticas estilizadas y caducas solo nos llevará al mismo punto y a ningún lado.

Las cadenas de accesibilidad universal insta a contemplar tres fundamentos: transporte, espacio público y edificación, secuencia que no debe verse interrumpida, libre de obstáculos y fiel receptora del conocimiento que versa sobre el diseño universal.

Sobre el espacio público, ¿nos hemos preguntado cuantos metros cuadrados suelen permanecer inoperantes? ¿Cuán estrechos e incómodos los senderos y andenes destinados al tránsito de personas? Ciudades que clamar por áreas libres y óptimos índices de espacio público por habitante, las Smart Cities y sus indicios de industria 4.0 vuelven a blandir sus mejores herramientas en su capacidad adaptativa y trabajar sobre lo dado. Si logramos ceder los metros cuadrados (m2) al espacio público inmediato, reconfigurar agrupaciones sobre recintos inutilizados y en pro de escenarios activos, vitales y con una flexibilidad jamás documentada nos aproximaríamos a su versión del tipo 5.0, de perseguirse una analogía hemos de remitirnos a los cardúmenes que sincronizan su nado y reorganizan la forma de su conjunto frente a una situación formulada. Las luces en el espacio público, a diferencia de suspenderse a un mástil y permanecer anclada, sigue, custodia y se instala donde ella se requiera. Stonehenge nos enseño a incrustar inmensas e inamovibles rocas, nuestro tiempo nos otorga un amplio e increíble capacidad tecnológica.

Redes, ramificaciones estáticas con capacidades

limitadas y con dificultades en su incremento o modificación. Los nervios en un organismo humano se ramifican en función de su escala, bases y fundamentos biológicos que en su clasificación celular determinan roles y funciones coherentes a un sistema preestablecido, datos que se transmiten y capacidades escritas a una dimensión molecular, transferencia y comunicación, los módulos y piezas constitutivas han de emular el potencial celular y su composición poblacional, su adhesión a una administración con un alcance tan amplio como su despliegue. Un material debe trascender su condición estática, su condición "muerta", a modo de cadáveres y piezas pétreas, ha de desarrollar la capacidad dérmica, neurológica, de irrigación e intercambio, renovación, muerte y asimilación, crecimiento y evolución. Mas allá de un cascaron ha de transmutar en vientre y especie complementaria, extender su capacidad a una red de computo, procesamiento y gestación fabril. Ella debe construirse constante y progresivamente. Evolucionar con sus procesos, establecer diálogos y comunicación entre máquinas, seres humanos, especies y vegetación.

La industria del tipo 5.0 con relación a las unidades habitables, revelan el espacio como una compleja unidad de fabricación que produce y satisface las demandas de sus usuarios, gesta, transforma y dispone distintos objetos que se requiere. Las camas las gesta la misma habitación, sus lámparas, muebles destinados al almacenaje, se abre el armario y es él quien hace el vestuario, modifica y plasma la prenda requerida, esta se adapta a su portador, se sincroniza al clima externo y se regula en función de las condiciones de confort de quien la usa.

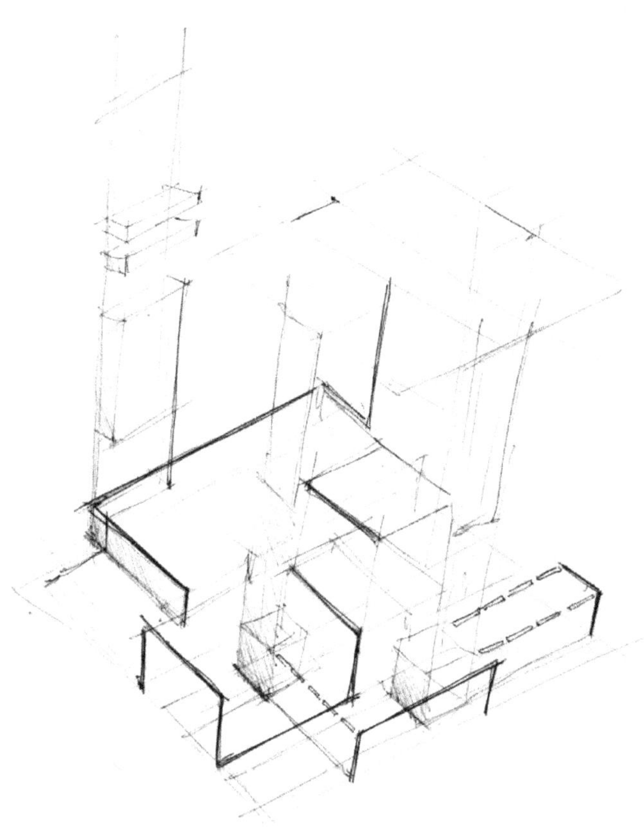

Figura 13. Unidad habitable con una librería de posibilidades, cambios y ajustes. Sistema vivo y mutable.

Un apartamento es una banda continua que al ser transitada imprime en tiempo real una concepción simulada, transitar 3.6 metros y otorgar la sensación de un kilometro, ¿Qué tan profundo podríamos esbozar el espacio y de que manea lo sintonizamos con la realidad? Instalar a nuestros ciudadanos en un universo tetradimensional, se superponen, se comprime, el espacio se dobla en correspondencia a un guion que se diseña de manera constante. Fluidos que adquieren vida, bloques gelatinosos que transportan y trasladan ítems de consumo. Los cables desaparecen, sogas que solían asfixiar la libertad de acción y desplazamiento a millones. La ubicuidad impregna al abastecimiento energético y consumo eléctrico. En cualquier superficie, en cualquier punto de una pared o piso el dispositivo nunca deja de funcionar.

Así como los bienes y productos avanzan libremente y a través de pisos y paredes, los desechos y residuos se asimilan, se procesan y nada se desperdicia.

Doxiadis nos recuerda a través del conocimiento de la Ekística la escala primaria que deriva de la socialización y transito humano, el automóvil, el avión y en el auge de la carrera espacial: el cohete.

Virgin Galactic exhibe una idea magistral en torno al lanzamiento de un cohete, la tierra gira sobre su eje polar, el cohete se suspende y al divisar la proximidad de su destino "se deja caer".

Con estos vehículos y tecnologías se proyecta economías extractivas, traslado e inserción de recursos al espacio terrestre o de transición a nuevos destinos. Los sistemas de Fly by Wire y redes electrónicas, con amplias capacidades de computo y diseminación de sensores, suele adherirse a concepciones de antaño, los centros de investigación profesa el próximo arribo de materiales programables, plásticos que sangran y cicatrizan, odas a una escuela ancestral definida como biología. Un vehículo al estrellarse o colisionar, evento que ha de evitar al máximo y desde su concepción, puesta en escena y funcionamiento, debe trascender la deficiencia e incapacidad para recuperar su estado previo o inicial, ha de ostentar la destreza en su regeneración, reajuste y reparación de componentes, más allá de un auxilio técnico, grúas o afines. Si una rueda se avería ella cicatriza y se recompone, una lámina se hunde o se abolla, esta retorna a su estado y condición primaria. Los componentes del motor que se desgastan se suman al potencial metabólico de restablecer su forma y estructura original.

El bloque de mármol que se golpea con el cincel, caen los fragmentos al piso, los asimila y la parte herida se recompone. Cada fragmento se suma a un amplio sistema fabril, en su nivel de recursión, un modulo de producción portátil que se autoregula, muta, se actualiza y se integra a una red más amplia. El bloque de mármol reprogramable, organiza su volumen en función de una instrucción, establece una comunicación continua, con su entorno y especies próximas, todo lo que creíamos inerte cobra vida.

Retornemos al automóvil, producto de consumo que se ha tornado en una red de computadores enlazada a la red global, un computador con una galaxia de dispositivos intercomunicados sobre un escenario electromecánico. Ahora conceden la instalación de un cerebro, navegación automática y liberación del conductor. Esboza sobre el panel un conjunto de indicadores y gráficas cambiantes, monitoreos de rendimientos, avances, alertas y emisión de datos. El anhelo de los cibernetistas en ámbitos administrativos preservo el interés de la administración científica en el abordaje de cifras y seguimientos a una acción, su consecuente valoración, estado de alerta e intervención estratégica en pro de alcanzar mejoras notables y retransmitir buenas prácticas (Frederic Taylor). Stafford Beer comparte su visión sobre los indicadores Algedónicos, rangos que oscilan entre el placer y el malestar, módulos interactuantes y puentes de transferencia y emisión de datos, estímulos o instrucciones, tal como lo haría nuestro cerebro y sistema neuronal y nervioso.

Su proyecto en Chile, Cybersin expone una maravillosa metáfora a la organización cerebral y sus ramificaciones emisoras-receptoras, consolidadoras de una identidad en la afinidad de la neocorteza, planificación y esbozos de escenarios futuros, reacción inmediata y submódulos organizados de acuerdo a un rol o potencial. La paranoia de la Guerra Fria y equilibrio de poderes a una escala global silencia la iniciativa.

Datos, cifras, premisas para una optima regulación y monitoreo, la aplicación del principio homeostático u equilibrio. Información plasmada en tiempo real, afín a las escenas percibidas en la bolsa de valores. Acciones que se traducen en automatización, tal como los cilindros que al girar sobre un eje reproducen la melodía que en estos ha sido escrita (music box). El autómata avanza, cuanta con un guion, un guion con un numero delimitado de vertientes, su accionar se parametriza en función de un propósito u objetivo.

Emisión de datos y rendimientos, flujos de información históricos y en tiempo real, la niebla se disipa y se incide de manera experimental sobre la virtualidad y horizonte de posibilidades y sobre la realidad misma. Monitoreo de uso, consumo, factores incidentes, relaciones, comportamientos, desgastes. Vastas cifras que difícilmente pueden ser resueltas por los grupos minúsculos de antaño o elites que creen conocer algo que no suelen vivir en carne propia. ¿Alguien que concibe un sistema de transporte masivo y se desplaza diariamente en una Limosina? Bien hizo Calígula en instalar a su caballo en el senado y se quedo corto al no instalar Chimpancés, orangutanes, loros y otras coloridas especies.

La imprenta otorgo un gran poder a la organización humana y al establecimiento de tejidos sociales, los gobiernos instaurados no podrían soportar el alzamiento de fuerzas civiles y de allí la reorganización y replanteo del trazado de ciudades, despersonalización y atomización de los bloques poblacionales que debían controlar. Del internet resurge un enfoque renovado, comunidades digitales y fuerzas colosales que pueden resolver un gran reto en días cuando podría tomar una década, de la fusión hombre-máquina e intercomunicación holística, más allá de especialidades, claustros o clubes disciplinares.

De cuestionarnos por la máxima expresión fabril de nuestra era, lo detectaremos en el laboratorio, trascender a una red de estos donde el tiempo sintetiza y reduce cualquier distancia y la capacidad de cómputo y procesamiento alcanza cotas exponenciales, es algo único. Se interviene sobre el dato, lo esencial, la materia y lo complejo. Se gestan instrumentos que inciden de forma amplificada a las economías que les demandan y ofertan.

Las PFALs a modo de ejemplo, ambientes controlados, suelen ostentar un acervo tecnológico en función de la producción de plantas destinadas al consumo, reguladas por luz artificial técnicamente condicionada, agua, nutrientes, etc. Y con un rendimiento descomunal frente a los métodos tradicionales y de antaño. Los requerimientos de área son minúsculos en comparación a los de un cultivo tradicional.

El anhelo de Churchill para obtener una presa sin aguardar tanto tiempo en invertir tantos recursos en su producción: Carne cultivada en un ambiente de laboratorio.

Laboratorios que deben integrarse y emplazarse en las comunidades de viviendas y en sus escalas más elementales, servicios y potenciales con un poder de ubicuidad único. En lugar de aguardar por el traslado a través de un continente a otro, fluye en el lugar. La economía nos enseña la concentración y especialización sobre producciones que entrañan ventajas notables a una escala global y habilitan el desarrollo y distribución optima de destrezas a gran escala. Unos con la excelencia en la fabricación de aviones, otros en ropa, otros en alimento y así sucesivamente. Un vasto numero de datos se escapan sea el anhelo a través de la implementación y proliferación del IoT (internet de las cosas) el que contribuya a ampliar el acceso a la información y su administración consecuente al caudal emitido.

Arquitectura y su rezago, se adormece ante los desafíos de la historia

En el ejercicio arquitectónico y la formación académica, hemos cuestionado la larga preparación que debe destinar un arquitecto potencial previo a ser asimilado en un mercado laboral, en automático y sobre supuestos intuye y especula el comportamiento y estados de incidencia por parte de las masas y el usuario en tono a sus formulaciones hipotéticas, ¿Cómo puede poner su diseño a prueba y anticiparse a las condiciones que este esboza al curso de las décadas, meses y días? Grandes maestros como Oscar Niemeyer en su concepción y construcción de la ciudad moderna de Brasilia, obtuvo las mejores calificaciones, ovaciones, aplausos, entre sus pares, ahora los ciudadanos que habitan y conviven con sus trazos materializados reaccionan de otra manera. Bellos diagramas en el papel, miles y millones de variables sobre este, fuerzas que someten y alteran lo planificado, pulsiones que demandan la sinergia e integración de dos factores, capítulos administrativos y poblaciones con una multiplicidad de identidades, transformaciones tecnológicas, patrones de consumo dispares al estipulado. Nuestros profesionales ignoran que sus trazos reposan y mutan sobre un lienzo vivo y dinámico, si pretende plasmar e imprimir algo en ello su mesa le resultara esquiva, ha de encarnar en millones y debe incluir al no nacido y al que parte. Su labor no recae de manera exclusiva sobre sus hombros, ha de integrarse y servir a sus comunidades, aprender de ellas, callar, escuchar, atender y proponer.

Forjar laboratorios y redes, computadoras y autómatas edilicios que anticipan y se adaptan a las dinámicas de los grupos, su entorno inmediato, su paisaje y sus instituciones.

¿Quién aspira proyectar vida cuando esta es ausente y su carácter adolece de ella? ¿Repetir como loras y pericos lo que suele transmitir y vomitar los flujos mediáticos? ¿De la dificultad por generar ideas propias tejer abominaciones con fragmentos elaborados por quien realmente se tomo el trabajo de pensar? ¿Se filtra acaso las propuestas transmitidas, se cuestiona y se indaga el alcance de su servicio y desenvolvimiento contextual? Se desconfía tanto que se debe recurrir a un manantial de imágenes remotas y hacer eco al status quo, beber donde otros beben, actuar como otros actúan.

Repetimos los planteamientos que nutren nuestro ocaso y desgaste, del anhelo por alabanzas y aplausos ignoramos la razón de ser de nuestro oficio, inflar egos cuando deberíamos aportar a la grandeza de nuestras ciudades estado. Han hecho y han logrado mas otros campos disciplinares que el nuestro. Tamaña ineptitud al ser incapaces de resolver la oficina del futuro a diferencia de Xerox Parc, Microsoft y Apple. Las telecomunicaciones lograron mejores enlaces y conexiones que nuestros urbanistas, ostenta mayor lógica y sentido común una población donde el arquitecto es ausente que una con ellos soportando sus balbuceos y disparates tiránicos, tira la puerta en las narices cuando el ciudadano del común y los diversos actores anhelan compartir su espacio y apoyarle en su ejercicio proyectual.

Especula cuando carece del modo de validar su propuesta, arquitecturas adaptativas las hemos encontrado en nuestro campo de acción y hemos alabado la simpleza carente de complejidad. Nos cuesta tanto reconocer la ignorancia que optamos por no sostenerla en nuestras manos y confrontarla frente a los nuestros.

Enseñar sobre dominios minúsculos. Sobre modelos plagados de problemas y resultados adversos, continuamos aprendiendo de esto, reinstalándolo en nuestras ciudades y alimentando el ciclo karmico. Los errores del siglo XX se retransmiten y se plasma de forma voluntaria en el XXI.

En un contexto administrativo y publico ¿iniciativas? Replicar experiencias remotas, lo que se ha venido haciendo y a pequeños pasos, ciudades que se consolidan a través de décadas con gobiernos circunstanciales y a muy corto plazo. Del área Metropolitana de Bucaramanga, tal es la escena. Una riqueza ambiental, hídrica, de ecosistemas y se enfoca sus formulaciones edilicias y modelo de ciudad bajo una réplica foránea. ¿Qué suele suceder cuando se integra una especie a un ecosistema ajeno al suyo? El sector privado regurgita esquemas feudales, los centros comerciales aportan una vida urbana que la administración pública no ofrece, los perfiles profesionales, fuerza laboral y administrativa, la formación en sus distintos escenarios dista del contexto.

Dependientes de mercados foráneos, con una industria que le cuesta muchísimo trabajo actualizarse y renovarse. Desarrollos de infraestructuras que han sido saboteados por el apetito y falta de visión de una horda de vende patrias y culebreros, este ultimo termino hace alusión a una especie de neo chamán que suele hacer malabares con su discurso.

Jared Diamond, subraya la dificultad del eje norte sur en el continente de América, en su zona central y sur, la dificultad de comunicación por el Darién o lo que conocemos como Panamá, domesticación elemental, tecnologías dispares, pisos térmicos variados que entrañan el notable trance e imposibilidad de trasladar especies de un ecosistema a otro. Los sistemas operativos llamado naciones, sus pueblos, atienden a agendas a muy corto plazo, beneficios inmediatos, dependencias nocivas. Naciones que se degradan y fragmentan, proyectos políticos pulverizados.

Riquezas naturales en abundancia y se apuesta por economías extractivas, contaminantes y con un bajo rendimiento frente a las propuestas que le relevan. Paisajes de ensueño que se convierten en vertederos, se les da la espalda, se les seca y pavimenta. La vida en su máxima expresión de complejidad, lo más valioso en el sistema solar y en la misma galaxia, esta se exilia por la propagación del tejido urbano, se le expulsa, se le altera, se le extermina y se le extingue.

Libros tejidos junto a sus contextos naturales, información de gran valor que se le borra ante una formulación concebida a modo de cadáver, un fósil, los restos de un intento al que le cuesta desarrollar una actitud consciente, un coloso sin cabeza que embiste de un lado a otro. Un coloso que intenta afianzar su control a través del despliegue de la comunicación amplificada y la reacción lenta, producto de sus viejos programas y modos de hacer.

Olvida sus conquistas, sus logros y triunfos, actúa en función de estilos y tendencias, enfoca toda su energía y capacidad a lo que representa un esfuerzo mínimo y no le representará reto alguno, a sus integrantes les motivara un burdo teatro de marionetas y sus sentidos hallaran devoción en lo cosmético, el divertimento inmediato. Empleara un dispositivo con una capacidad demencial y descomunal frente a los artefactos de computo que sirvieron para llevar al hombre al espacio para tomarse autorretratos en ropa interior o una mascota haciendo payasadas.

Espacio público carente de identidad, reducido al tránsito y la presión de lo inmediato, inconsecuente a las edificaciones y usos inmediatos, una sección miserable para salvaguardar la voracidad del tráfico rodado, una pasarela para inhalar e ingerir gases nocivos y sucios. Parques como áreas sobrantes, desintegradas a las comunidades que deberían adoptarlos, superficies ultra-elementales, sin estimulo y sin representar un guion de ensueño.

Especies desterradas, eden sin actores, salvo el ser humano y su zoológico de bacterias. Se instalan juegos antiguos, escenarios polivalentes. El dominio se imprime y la comunicación organizativa es ausente. Un nodo cuando estos escenarios podrían mutar en secuencia y red.

Un templo a la vida al que se le extirpa un gran porcentaje de su objeto de adoración. Cuando el flujo temporal debe desplegar sus ritmos y sinfonías, exacerba conflictos y alimenta problemáticas. De escenario a residuo superficial, espacio constreñido y asfixiado, un modulo de un amplio ecosistema amputado y delimitado por todo aquello que ha sido expuesto al fuego y al filo de viejas industrias.

La música y las voces armónicas son aplastadas por el ruido y los flujos discordantes, las fragancias y aromas las remplaza el humo, el desinfectante y el ambientador. Lo social se relega al encierro y a lo contenido. El mismo cuadro se replica hasta el cansancio, frente a la belleza ausente la atención se traslada a la pantalla y al flujo mediático, ha falta de narrativas: la biblioteca de un entretenimiento bajo en calorías, a falta de gracia y vida en el contexto urbano: la armonía, orden y composición de una breve obra musical. Recurrir a un arte y no querer realizarlo, alabar el milagro y no querer indagar sobre su mecánica, estructura y origen. La ciudad valida y registra un reflejo que deriva de su hacedor, quien lo concibe es quien lo transita y lo experimenta, no ha de quedar a merced del trazo que pretende condenar a millones a u corral o inamovible celda.

Oriente media se jacta por el rascacielos más alto, el Burj Khalifa con sus 828 metros. Si la definen como la estructura artificial mas alta en la extensión planetaria y a lo largo de la historia, debemos recordarle al mundo que solo alcanza 1/67, fracción sobre la proeza técnica e ingenieril concebida en suelo Alemán y en la era pre-internet, año 1933 y deberíamos disponer en la extensión de su estructura 67 Burj Khalifas, realmente seria este el único rascacielos concebido en el planeta y en la historia que honre tal denominación. Su autor: Alberte Speer, su obra: La catedral de luz. Secuencia de reflectores de búsqueda y detección de aeronaves enemigas, hace eco al ingenio conceptual de Ettienne Louis Boullee, subraya el drama, integra la maravilla técnica en su inefable diseño, conecta el cielo con la tierra, dispone docenas de pilares de luz, tan etéreas como el velo y la pluma, tan constantes como el faro que nunca se extingue. Tal efecto teatral se reintegra a la zona del memorial a los ataques del 9-11 en Norte America.

En nuestro ejercicio profesional y ámbitos académicos lamentamos la proliferación e incremento de charlatanes en lugar de un notable y saludable aumento de científicos al servicio del desarrollo de una nueva arquitectura. Les hacen creer dioses por trazar un par de líneas y justificarla con toneladas de saliva, diatribas filosóficas y adornos insustanciales, inflan su ego entre canales mediáticos que solo logran soportarse entre ellos y difícilmente transmiten sus voces o reflexiones, si las hay, a las masas. Condenan a sus usuarios al capricho y durante décadas, atienden a sus imaginarios personales y difícilmente escuchan y entienden las necesidades y aspiraciones de la familia, grupo o colectivo que supone deberían servir. Sirven exclusivamente a su alabanza y famélico poder. La realidad pisotea el error y la mediocridad, aborrece lo inhumano y al mismo tiempo lo soporta y se habitúa a ello, la historia registrara y grabara lo malsano, cuanto le cuesta al oficio de la arquitectura y el urbanismo percatarse de sus disparates, malabares, absurdos, limitaciones, visiones miniaturizadas, cuanto le cuesta detectar que se ha tornado en la burla y el hazmerreir de millones, otros campos del conocimiento han hecho tolerable los planteamientos dantescos y han resuelto lo que le quedo grande a esta.

Bruneleschi, Leonardo Da Vinci, León Batista Alberti, arquitectos, ingenieros, científicos y artistas. ¿Hallarlos entre las filas de la arquitectura y en el tiempo en vigencia? ¿encontrar en la arquitectura la genialidad de antaño de Alberti, la realidad a través de formulaciones matemáticas y geométricas, visualizar la escena bajo una óptica científica, no la encontraremos entre los arquitectos, si en la computación, analizando el despliegue de la luz e incidencia sobre el objeto, procesando y recreando el universo físico a través de un motor grafico, el genio técnico e Ingenieril que nos proporciona las obras maestras de Wolfestein 3d y Doom, grupo definido en su momento como ID Software, nuestro héroe: John Carmack.

La arquitectura se queda rezagada, cree anticiparse al futuro instalando una docena de pantallas en un hogar, descorrer una persiana, instalar cámaras en múltiples rincones, hasta la tasa del baño y el orificio anal de su mascota. ¿Vivienda inteligente? Vivienda con pegatinas, moñitos y adornos miserables. Regular y monitorear el consumo, perfecto. se sigue trabajando sobre una formulación senil y de antaño ¿Dónde está el salto tecnológico? Una nevera conectada a la red y que solicita lo faltante dista de una vivienda inteligente. Estas producen en su nivel básico metros cuadrados y cúbicos, escenarios ergonómicos que sustentan un requerimiento físico o metabólico, piel y envolventes que al establecer una comunicación con el entorno y el paisaje ajustan la condición ambiental en función de sus usuarios y contexto próximo. Inteligente cuando ella administre en sinergia al humano sus contenidos y distribuciones, adapte sus funciones a los requerimientos formulados, haga uso de los recursos de manera eficiente, se autorepare, se auto mantenga y sirva a un modo de vida de avanzada, más allá de una piedra inamovible o a un estorbo desocupado y subutilizado a destiempos.

Modificando la gravedad planetaria

Recordando la gran obra de Doxiadis y sus escalas: el ser humano o peatón, el vehículo, el avión y el cohete. Nuestros años en vigencia le asombrarían con el drone, el robot y computador tomando el control del vehículo, el UAV, los aviones solares, los enjambres de satélites. Amazon orientándolo a la comercialización de piezas puntuales, otros para entregar pizzas, filmación, fotografía, etc.

Ya abordamos una gran nave espacial llamada planeta tierra, tripulantes de masas continentales que no han permanecido en el mismo punto, movimiento a diferentes tiempos y frecuencias, hallamos otras formas tal como impulsar vehículos con la luz y con energía atómica.

Michio Kaku evidencia una secuencia de saltos tecnológicos a través del dominio de las 4 fuerzas fundamentales, partiendo de la gravedad y el impulso que esta prodiga a las misiones espaciales, pasando por el electromagnetismo hasta llegar a la energía nuclear fuerte y débil, débil que paradójicamente es la que garantiza la descomunal capacidad de devastación del sol. La gravedad que rige a nuestras edificaciones, vehículos, habitantes, especies, plantas que se esculpen y adaptan de forma consecuente con su influjo, cohetes cuyos propulsores deben vencerla y sumergirse en un océano estelar.

Podríamos extraer la masa planetaria, disponerla en el espacio haciendo uso de los elevadores, construir nuevos satélites y estructuras orbitando alrededor del planeta, centros fabriles, laboratorios y plataformas de lanzamiento, puertos que nutran una economía espacial y naves con una coraza de protección presta a navegar a través del sistema solar. Redefinir la mecánica celeste y gestar una renovada dinámica de mareas, obtener energía de estas, la construcción de lunas permitiría la captación solar y transmisión de estas. Esculpiríamos el planeta y las estructuras colosales en torno a ella de una manera única. Se ha transformado la materia y un sinfín de procesos para ser articulados y puestos al servicio de un gran propósito, disponemos de ella y la podemos traducir, aprovechando el avance y mecánica en torno a la estrella, en una nave con condiciones excepcionales y que supere en gran medida a su antigua versión. Lo mejor que le pudo suceder al planeta fue el desarrollo y evolución de la vida, es algo que debe ser instalado y propagado.

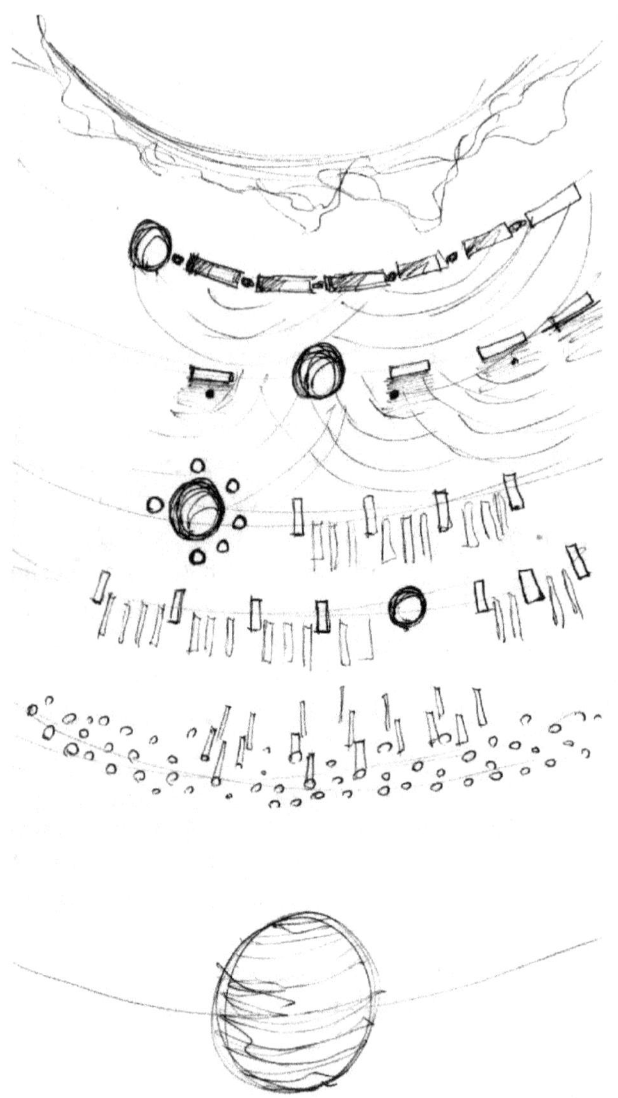

Figura 14. Trenes planetarios, reestructuración planetaria, rieles estelares, enjambres de módulos satelitales.

¿Anhelamos controlar el clima? Este sería un primer paso. Las especies son sensibles a pequeños ajustes, su almacenamiento es crucial, su comprensión sistemática y ecosistémica aun más, su preservación es indispensable. La fusión entre organismo y máquina insta a una postura desafiante, más allá de entidades aisladas una red total, una consciencia ampliada y una percepción extra dimensional.

Los árboles cuentan con una versión de internet: Mycorrhizal, intercambian con otras especies, trazan puentes y equilibran la distribución de energía en su sistema. Los árboles evolutivos (modelo conceptual y de clasificación) exponen una red afín y asombrosamente en la redes de bacterias.

Nuestro núcleo, una esfera de metal en estado liquido a temperaturas elevadas, presiones descomunales, un horno fabril al interior del planeta, de reestructurar y construir satélites a modificar y concebir planetas, próximamente estrellas, de allí a intervenir en núcleos de ella "Shckadov Thusters", contamos con el mejor motor para un viaje interestelar. Podemos remolcar planetas, readecuar las orbitas de los dos cercanos, disponer nuevos cuerpos para la captura y canalización de la furia y poder estelar, reubicar, reajustar y planificar a la escala del sistema solar.

De la concepción monolítica de artefacto o vehículo espacial a la diseminación de enjambres, el silicio en sinergia con lo orgánico. El enjambre que deriva sus raíces de la robótica polimórfica y modular, conjuntos cooperativos y con la aproximación a la consciencia, nubes que imprimen su lluvia y revelan estructuras complejas, herramientas de transformación.

La cultura popular revelaba las imágenes a través de la ciencia ficción de UFOS que desplegando un rayo elevaban un objeto al interior de su nave. Remolques y grúas que hallan un equivalente en la noción de la gravedad, el electromagnetismo. ¿Podemos logar que un haz de luz logra imprimir a través del mismo un objetivo tridimensional preestablecido? El laser esculpe y podría brotar de él un nuevo estado o composición tangible, la primera versión cinematográfica del viaje a la luna y el relato de Johannes Keepler aluden al empleo de un cañón y pólvora en el impulso de la nave. Encender un haz de luz y transportar algo tan leve y etéreo, comandar su materialización e imprimir, trasladar a la velocidad de la luz una secuencia de datos que progresivamente se solidifican en el aire. Disparar partículas y programar su reconfiguración en una región distante a través y a lo largo de su canal de transito. Proyectamos a los cielos la escena de la nave y ella se materializa a través el haz.

Sombras en la pared que cobran vida y emergen capa tras capa. Se enciende la luz del garaje, encontrándolo vacio y en cuestión de segundos y bajo el influjo de la luz el automóvil emerge, se apagar a través de un comando puntual y se re asimila fusionándose con el piso. Todos los objetos fluyen a través de proyecciones, su uso concluye y su sustancia se reintegra.

Redes sociales

En el auge de las cámaras digitales ¿Cuánto asombro al contar con la pre visualización de la imagen al capturar y además de ello, el recuadro móvil que delimita con precisión sobre un objetivo en movimiento? Precisión que previamente habríamos identificado en un contexto bélico (Javelin Launcher, en servicio desde 1996), puntualmente en un lanzamiento que en la trayectoria se ajusta constantemente al recuadro.

Transcurre un par de décadas y contemplamos el ensamble de una fotografía a la plataforma que democratizo en un territorio digital la configuración de una página web personalizada, la fotografía se adhiere a su sistema y ella esboza una secuencia de objetivos con una precisión certera sobre cada rostro y sugiere un tag, el evento incita a millones de "cómo demonios", ¿cómo una máquina es capaz de leer e identificar, reconocernos? El poder del algoritmo y el ingenio de la síntesis. Puntos y distancias, lectura biométrica y un laboratorio de avanzada donde millones de voluntarios confluyen en el planeta. Huellas que se digitalizan, ecos latentes e impresiones difusas, existencias circunstanciales a través de avatars que recrean la ilusión de nuestra imágen y habilitan el recaudo de información sensible, estos son los espacios donde la intimidad se vocifera y revela de manera instantánea. La superficie que se dispone ante culpables y voluntariamente imprime sus huellas "digitales" a cada instante en que acceden.

Las tendencias, fuegos fatuos que se diluyen con celeridad, voces que se elevan, ensordecen, pierden momento y se desvanecen. La frágil memoria no deja de ser un cementerio de bits, datos sin sustancias que difícilmente anclan a la mente colectiva, fortalece lo instantáneo y la comodidad que adormece.

La divertida estupidez entretiene y convoca a multitudes, la creación, la ciencia, el pensamiento demanda un poco más y esto ahuyenta. Las masas elevan y aplastan, la infancia en nuestra especie es un largo proceso. La infancia que ostenta la institución que convoca y ampara a millones en su seno, el perfil que revela la afinidad de convocados, el espíritu del enjambre, de la manada y la jauría. El poder de muchos que se embriagan de una consciencia que escapa a su comprensión y domino. El arte de creerse rey cuando no se es más que un peón y sirviente.

Los contenidos se adaptan a un perfil territorial, se apuesta en función de tendencias, los ídolos se desgastan, el reflejo de opinión y orquestación mediática alimenta la irreflexión, multiples contenidos se redactan y esbozan a nuestro cerebro con afinidades al réptil, algunos tonos al legado del mamífero, a través de la emoción y vaga ilusión de grupo y unas escasa migajas a la conquista y triunfo humano.

¿Qué harían ellos con la libertad? Pregunta el inquisidor general (Hermanos Karamasov, Fyodor Dostoyevsky). Nada más sencillo que administrársela y liberarles de semejante carga, fatiga y dolor de cabeza. Pensaremos y actuaremos por ellos.

Domesticación a gran escala, en esferas más profundas, en un escenario mental. Los juguetes y divertimentos que entretienen y mantienen ocupado al infante, llámese ocio, trabajo, estudio. Los cercados y sus límites, su interior y una distorsionada sensación de libertad. Al hombre de la máscara de hierro, Alejandro Dumas, a través de la última entrega de los tres mosqueteros, titulada el vizconde de Braguelone, esboza la figura de un regente que es condenado a la sombra y abismo de la bastilla, nacen dos varones, aspirando a la corona seria problemático, tras condenar al mencionado a la prisión se le anexa y condena a una adicional: su máscara de hierro.

De remitirnos al reflejo analítico, nos han asignado a una condena afín, recae esta en las interfaces y prótesis digitales, canales y flujos mediáticos, tal es la prisión, nuestros dispositivos móviles, pantallas, creencias, dogmas, solo que esta ultima nos hace ignorar su potencia e influjo.

Solíamos contemplar con compasión los experimentos aplicados a monos y chimpancés ante pantallas, seleccionado o pulsando uno que otro botón. Esto nos lo aplica a diario, a cada instante en que transitamos a través del ciberespacio, nos deleitan, nos entretienen, se anticipan a nuestros deseos porque lo hemos vociferado a gritos. El instante y la fracción de segundos, el embeleso, lo innecesario, lo desechable y la entrega de nuestra vida, tiempo, esfuerzo y devoción. Incontables monumentos al derroche, a lo pasajero, al placer fugaz ¿Qué diferencia tendríamos con los insectos que se agitan y revolotean con frenesí a una fuente de luz, cuantas personas en la misma situación?

Estados Unidos desarrolla un método excepcional, todo ego y orgullo se suprime, se acude a la ancestral idea del oráculo de Delfos, toda aventura y empresa es consultada a través de este. El método insta a la gestación de una idea o proceso, la información fluye de un punto a otro de forma anónima, las pasiones humanas se canalizan y se enfocan con maestría en procura de una meta que trasciende cualquier síntoma de vanidad, la información re transita, se refina, se mejora hasta la consecución de un resultado formidable.

La evolución y proliferación de democracias y surgimiento de nuevos estados revelan las figuras mesiánicas y anacrónicas, protagonismos malsanos que recaen sobre una personalidad que frente al incremento de complejidades jamás lograra resolver solo un océano de embrollos y dificultades. Modelos piramidales seniles, verticales, dispuestos en la cima y llevándose el crédito de subalternos y adeptos, reclamando como suyo una labor que jamás ejecutaron, si el auge de internet logro la supresión de intermediarios y la reducción significativa de la burocracia y desgaste en múltiples niveles, otro tanto ha de conseguirse en esferas políticas, de poder y de administración. Las grandes y colosales compañías de Silicon Valley revelan como logran amasar y crear fortunas con un reducido personal, si el dominio de los caballos de fuerza a través de la máquina de vapor potencian la transformación de las sociedades, la automatización en múltiples escenarios garantizan un musculo y cerebro sin igual, gestación de nuevas oportunidades a quienes logran leer y entender el espíritu de la época.

Las ciudades Inteligentes o Smart Cities comparten grandes iniciativas en sus Hackatones e intervenciones colectivas, la comunidad participa en la resolución de un problema, lo hacen suyo y aportan en función de sus medios e ingenio. Nuestros políticos y administrativos decadentes exhiben sus miserias al cerrar puertas tras de sí, disponer y encerrar amigos cercanos, distantes de las realidades que van o pretenden resolver, ¿Cómo una persona que jamás ha abordado un metro o a soportado un sistema de transporte masivo en horas picos osa resolver algo de lo que no tiene ni la más remota idea? ¿Cómo una persona que jamás ha aguantado hambre y jamás se le ha concedido oportunidades en un contexto laboral formalizado desplaza a miles que intentan obtener un sustento o ganancia minúscula?

Peter Diamandis a través de su obra: Bold, nos comparta el nacimiento de un enfoque sintonizado a la era de la información, se consolidan colectivos y grupos a los que se les encarga un reto o problema, miles o cientos lo abordan, lo resuelven con el profesionalismo que aporta los nuevos medios y herramientas, la calidad es optima y a un muy bajo costo.

El ciberespacio documenta un abanico de alternativas frente a problemas no resueltos, se conecta el problema o necesidad con la solución, un requerimiento de movilidad o transporte, frente a la ausencia de soluciones a medida se construyen plataformas donde los intermediarios se reducen a una mínima y elemental expresión, la demanda se conecta de forma inmediata con la oferta y las partes obtienen un beneficio mutuo. Las graficas nos revelaban el protagonismo de la oferta a gran escala y consolidada, un 20% en ascenso por lo general y a su lado una larga cola en descenso y representado en un 80%, las minas de oro fueron halladas en este porcentaje, en la larga estela y el universo de demandas puntuales y a la medida de cada demandante.

Guerra

Los desfiles militares, eventos que suelen vincularse a la conmemoración de una fecha trascendental y la impronta de una indeleble firma en las páginas de la historia, vitrinas que sirve a la ostentación del poder a través del musculo bélico, musculo que depende de las capacidades instrumentales, científicas y económicas de su nación estado, administración de tributos y aprendizaje continuo.

Numerosas tropas marchando al unísono, procesiones de maravillas ingenieriles, vehículos, misiles, armamento con una capacidad de devastación infernal, tal como innumerables aves exhibirían su plumaje en el cortejo u otras especies revelan signos de vitalidad, salud y legados genéticos, la nación estado instalará un imaginario sicológico intentando irrumpir en el furor mediático y la mente de las masas. Combustible al servicio de las llamas de la propaganda, la espada que sirve y valida la figura del regente, nos hacen creer y enfocar toda atención a una figura nominal, una figura que no es más que un sello circunstancial en un empaque y una frágil envoltura, una figura circunstancial sintonizada en apariencia a las expresiones y sentir del pueblo que le elige.

Una forma ancestral de administrar el ímpetu y fuerza de colectivos. Una forma que le cuesta estar al tanto de la vasta cantidad de dinámicas y transformaciones de nuevos mundos.

Se pretende asignar el monopolio y administración de las armas al estado, el uso y empleo de la fuerza recae sobre sus hombros, el miedo y el temor le valida, el cerebro del mamífero refina sus despliegues, las emociones consolidan el espectro de estímulos, el escenario a operar.

Se conquista primariamente la mente colectiva, su mente se autoregula y sustenta su condición homeostática, la ley será esbozada a modo de ilusión o cercado.

Ley, espada, corona, cetro y medida, doctrina y religión, múltiples roles confluyen en un mega organismo. Sinfonía de sinergias, balances y asimetrías. Sus alcances se propagan y sin embargo, estos no alcanzaran sus sombras y subsuelos. La sicología en su momento subrayo estratos que escapan a la razón y la consciencia, raíces en lo abstracto y en lo incierto. Un inframundo conceptual, otro tanto acontece en los escenarios distantes y remotos del megaorganismo estatal, Robert Newirth esboza una gran pregunta: ¿Cuál es la segunda economía más grande en el planeta? Nos anuncia de forma inmediata, Estados Unidos trabaja con una cifra en torno a los 14 trillones de dólares, una docena de respuestas emanan, se mencionara a China, una gran opcionada, India, Japón, se adivinará sobre múltiples nombres. Bien se podría tomar horas para escuchar y atender al amplio repertorio y listado que versan sobre estados y naciones, un gran y pequeño detalle. No hay registro de tan colosal economía, múltiples políticas y acciones se verán enfocadas en intentar vanamente ahondar sobre sus laberintos y sombras, ninguna hebra de hilo, ninguna estela de migajas de pan aportaran a entender o dibujar difusamente lo inaprensible. Newirth ofrece su respuesta: la economía que permanece en las sombras, el universo de lo informal, de lo ilegal, del mercado negro y el narcotráfico. Un monto cercano a los 13 trillones de dólares si logramos agrupar el caudal de riqueza que fluye y circula a través de sus organismos y venas. Le apodara amablemente como "Bazaristan".

Lawrence de Arabia, en este caso Robert Greene en las 48 leyes del poder, la nación estado se enfrenta a su adversario en un marco preestablecido, disciplinas transmitidas, oda a viejas normativas y antiguos libros de texto y modos de hacer. Lawrence trabaja junto a los árabes y arriba a la pronta conclusión, si la guerra ha sido un ejercicio de contacto, asumiremos el principio del desprendimiento, el mismo autor nos recordara las primeras campañas en el establecimiento de la China comunista y el abordaje de las tropas leales al gobierno tradicional, si occidente trabaja con el ajedrez China cuenta con el juego de estrategia del Go (I-go), lo sutil y abstracto afluye, las fuerzas de la China comunista asumen la no forma, adaptables, mutables como el mercurio. Técnicas heredadas y adoptadas por fuerzas subversivas, grupos alzados en armas, aquellos que recibieron la estampa de terroristas, grupos que no dependen de una adhesión territorial, operantes marginales al estándar y al status quo.

Figuras camaleónicas que evolucionan como el vapor y logran asestar potentes devastaciones con un reducido margen y a un ínfimo costo. Las naciones combaten contra un adversario carente de rostro y cuya huella desgarra y pulveriza los segmentos más vulnerables de un orden dispar a sus aleatorias e insondables hojas de ruta.

En una parada militar jamás contemplamos al Hacker,

aquel capaz de vulnerar sistemas informáticos en un tiempo donde la mayor parte del mundo operante reside en lo digital, una persona que puede emprender cualquier acción sin afiliación alguna, sin jurar lealtad a una bandera, con intereses que pueden trascender lo convencional, puede ser incluso un menor de edad. Jamás contemplaremos la figura de un banquero, capaz de causar devastaciones apocalípticas y solamente utilizando tintas o pulsando unas pocas teclas, tal como el colapso económico acontecido en el 2008.

No veremos plagas, agentes químicos o armas biológicas, cuesta hacernos la idea de una docena de personas en bata transportando unos vasos o recipientes en cristal y con microscopios próximos a sus superficies. Recipientes que pueden contener la destrucción total de la especie humana.

No nos mostraran un desfile con cajetillas de cigarrillos que tantas muertes habrá causado. No veremos los emblemas de casas automotrices que tantos peatones ha herido o conducido al mas allá, asunto que por supuesto, depende de la formación, error humano, entrenamiento de personas implicadas, diseño y regulación de tráfico y movilidad.

Nos dirán, jamás veremos a un soldado con arco y flecha, pero si vernos una varilla de hierro desde el espacio y con esta pieza de muy bajo costo, comparado al de un misil balístico o un láser, pueda derribar un portaviones con un valor cercano a los 6.2 billones de dólares.

Se invierte un tiempo descomunal en la elaboración, construcción y fabricación de un objeto u artefacto, bastan escasos segundos junto a la emisión de una respuesta puntual y contundente para ponerla fuera de combate o hacerla inservible. Su reemplazo, mantenimiento y reparación es proporcional a su avería o desperfectos. El contexto bélico integra la expresión fabril de su pueblo y sistemas que intenta proteger o someter. El génesis industrial documento ejercicios bélicos dispares a la evolución de sus progresos, la máquina y el motor de combustión, el misil balístico, el autómata y el dron. El digito y el virus informático, un amplio acervo instrumental activado a favor de lineamientos y estrategias.

Boston Dynmics nos ha prodigado con maravillosas propuestas a lo largo de su ejercicio exploratorio e innovador. Revelaron a través de flujos mediáticos el Big Dog, un autómata que no exhibía una maraña y enredo de cables, un humano le propinaba una patada, este se desestabilizaba y de forma inmediata recuperaba su equilibrio, el mundo conocía algo no contemplado hasta el momento. De remitirnos a Asimo, concebido por Honda y de hallar la evolución del trabajo al curso de décadas veremos el punto de partida en torno al problema del bípedo, un volumen y tamaño considerable hasta su formulación sintética y notable reducción paralelo a las tecnologías y miniaturización de componentes electrónicos, representación inofensiva para un territorio que envejece y rechaza el incremento o introducción de foráneos en su suelo y economía: Japón. Si se le propina una patada al simpático Asimo conocemos de antemano las posibles consecuencias.

Boston Dymnamics avanza y prosigue en su labor y revela al mundo el prototipo titulado Petman, de aspecto humano, orientado a ser integrado al ejercicio bélico, más cuando el departamento de defensa e investigación Darpa destina un considerable flujo de recursos a iniciativas de avanzada. El refinamiento y perfilación de Internet se la debemos junto al germinar y florecer de Silicon Valley, además de un vasto repertorio de tecnologías futuristas.

La cinta Chappie (2015), del director Neil Blomkamp, esboza la integración de autómatas al ejercicio de seguridad y defensa, los vehículos controlados remotamente ya fueron empleados en las operaciones "tormenta del desierto", ataques iniciales desarrollados en Irak, administrada y gobernada en su momento por el dictador Sadam Hussein. Retornamos al autómata con rasgos y perfil de humano, accediendo a una base de datos que le permite interactuar y operar de forma conjunta y sincronizada con un colectivo humano. Anhelo y laboratorio de la industria del tipo 4.0, anexando el internet, usuarios, consumidores e industria.

Inicialmente, el contexto bélico desarrolla e integra el artefacto a radio control, le permite expandir la percepción, rango y alcance a la tropa y puntualmente al comando y control, las perdidas y vulnerabilidad humana se reducen significativamente. Múltiples procesos se automatizan, se confiere autonomía de navegación, la instalación de sensores garantizan el sondeo de espectros más profundos. Se emite la promesa sobre enjambres y multitudes de autómatas al servicio de la estabilidad y regulación de la ciudad estado.

Lectores biométricos, monitoreo constante, anticipación, el sistema D y el universo de la informalidad expande y formula una espesa niebla de guerra, término acuñado por Clausewitz, cadenas de suministro que habilitan el tránsito de ideas, visiones, insumos, instrumentales, mercado negro, abastecimiento de armas, moneda, especulación, distribución de riqueza, de modelos culturales y posturas reactivas.

Nuevas amenazas y escenarios, los datos y la información ha labrado plataformas en expansión, se ha virtualizado lo más sensible y esencial en la sociedad. Contemplamos con temor el secuestro de datos por la acción de un virus informático y aparece en escena un tipo de moneda que dificulta el rastreo (bitcoin) y monitoreo de su tránsito y uso, a modo de ejemplo, los del tipo: Ransomware (2017). Otros Ataques cibernéticos que afectan delicados protocolos de seguridad, tal como el acaecido en Irán y sus reactores nucleares en el año 2010, planta de Natanz, para ser precisos y el arma utilizada: Stuxnet, virus informático del tipo gusano. Riquezas que pueden desvanecerse al instante. Esa allí donde debemos recordar el principio estratégico y táctico del internet, frente a la amenaza de la guerra fría y ataques atómicos, la resiliencia de un sistema interconectado mitigaría el caos y colapso generalizado, la nación contaría con módulos operantes y tejería alternativas y conexiones, una red de comunicación versátil, con una celeridad de enlace proporcional a la velocidad de exposición. El logro y ventaja técnica al transmitir un mensaje sin la necesidad de recurrir a un caballo, aguardar por su transferencia y entrega hasta la virtualización y cesión del mismo a través de un canal de radio, su distorsión, encriptación y complejidad comunicativa en la capacidad de descifrarle y hacerle rotar. La transferencia del dato y el diagrama, su recreación y acceso remoto, reconstrucción y puesta en escena, afín a las misiones exploratorias esbozadas por las agencias espaciales, destacamentos de autómatas que asimilan, procesan los recursos locales y adecuan sus instrucciones a una aplicación determinada.

Próxima a la conclusión de la segunda guerra mundial, se documentaba casos en que se emprendían misiones críticas y cruciales para obtener los restos de aviones derribados con una expresión tecnológica dispar al estándar industrial, bases y fundamentos que servirían a la modernización de aviones, vehículos y procedimientos fabriles. Recuperación de restos con el propósito de comprender, reconstruir y desarrollar respuestas épicas y colosales inmersas en una carrera y consolidación de ventajas, desarrollos de escenarios estratégicos.

La ciencia ficción, cintas como Robocop (1990, dirigida por Irvin Kershner), Animatrix (2011, Matriculated, dirigida por Peter Chung), compartía el secuestro de autómatas empleados por ejércitos o fuerzas policiales, reprogramarlos, reintegrarlos a la fuerza disidente. Tsun Tzu lo recomendaba en su gran tratado, incrementar las fuerzas propias valiéndose y tomándolas del enemigo. Derrotándolo con su propio instrumental y recurso humano. El mismo canal que se torna en un juego de pulso y balanza de voluntad y espíritu. El ejercito que rota y sirve a gobernantes fluctuantes, el ejercito sin bandera, mercenarios, empresas que proliferan en la segundo retoma de Irak auspiciada por George Bush junior. Mercenarios con notables desventajas en su empleo, recomendación y advertencia emitida por Maquiavelo en su obra el príncipe. Territorios fluctuantes, mutables, digitales, aire, tierra, agua, mente y ciberespacio.

Anatole France, tanto en su obra la Isla de los pingüinos y la síntesis magistral histórica que logra en la Rebelión de los Ángeles, subraya el génesis del conflicto y la guerra sobre los excedentes de producción, condición sedentaria y formas de explotación primarias, tal como la agricultura, desarrollo de herramientas y artes, necesidades que brotan de la protección de posesiones y ventajas que confiere el lugar y rutas de intercambio. El choque y confrontación en un submodulo de un amplio sistema, especie, raza y proyección cultural.

Nos han hecho creer en la atomización y silogismos que segmentan realidades a una concepción extraída de una correlación de piezas, aislada de su contexto. De la absurda idea de la tropa compuesta por soldados y máquinas, barracas, y el término militar, de la errada idea de especialización a gran profundidad a la guerra multidimensional, guerra que puede ser librada en un contexto civil, virtual, de medios, en ámbitos financieros, en exclusión y trazado de relaciones comerciales. La espada condenada al modelo económico, la espada que hiere a quien la blande, la espada cosmética y ficticia incapaz de producir daño alguno.

La fabricación de la espada que arruina el sustento y deteriora el ecosistema de su hacedor. La industria y sus modelos fabriles impregnan el ejercicio bélico y sus diversas vertientes, proporciona las prótesis, esculpe los modelos mentales de las sociedades que la adopta. Miles de batallas escapan a la comprensión de nuestra especie, fines sutiles, difusos y latentes, ajenos a una pronta detección o entendimiento.

Lógicas que escapan al azar, las maniobras del dado, los giros de la ruleta y el establecimiento de órdenes que cobijan y albergan las voces y tormentas del caos, las figuras y representaciones mesiánicas, los mitos nos han enseñado el abominable placer de la caída del ídolo, el colapso del dios y la humanización en manos de hordas embravecidas. El altar del control, el rito de la humillación y el sangrado. El antiguo regente que es depuesto o es hecho a un lado. La historia revela alianzas en pro de un equilibrio y emprende campañas con el ánimo de debilitar a la nación que crece y se eleva, se celebra al David que aniquila el Goliat, se clama y ofrenda por el yerro del grande. Las guerras en un contexto de la industria del tipo 5.0 se efectuaran con precisión quirúrgica e instantánea, las páginas y registros pueden desvanecerse en un parpadeo, viralidad a través de la interconexión universal.

Acerca del autor:

Fundador de Forja Protoestelar SAS. 1er puesto (año 2016) en el 1er Galardón Universidad Santo Tomas, Facultad de Arquitectura. Reconocimiento público cómo egresado distinguido de la facultad de arquitectura (Universidad Santo Tomás) (año 2015). Los mejores proyectos de graduación en el mundo, Archiprix 2005, Glasgow, Escocia. Finalista en el concurso internacional de diseño automotriz Yakey Corp. Primer puesto en el III salón al merito académico Prospero Chinchilla Pico, sociedad Colombiana de Arquitectos. Ponente en la VII Bienal Iberoamericana de Arquitectura, EeE (año 2010). Ponente en la cátedra inaugural en la Universidad Santo Tomas (año 2012). Autor de 12 libros, obras que abarcan y desarrollan temáticas de Ciencia Ficción, Literatura, Arquitectura, Ilustraciones y diseño automotriz. Arquitecto auxiliar en los diseños del Sistema de Transporte Masivo del Área Metropolitana de Bucaramanga y el Centro cultural del Oriente.